Manfred Wespel

Wie wird mein Kind zum Leser?

Überarbeitete Fassung

Die Deutsche Bibliothek – CIP-Einheitsaufnahme
Wespel, Manfred:
Wie wird mein Kind zum Leser?/Überarbeitete
Fassung/Manfred Wespel.
Mit Ill. von Klaus Puth – München: Ars-Ed.,
1998 und 2001 (Känguru)
ISBN 3-7607-3853-2

Überarbeitete Fassung

Ausstattung und Herstellung:
Paxmann/Teutsch Buchprojekte, München
Titelbild und Innenillustrationen: Klaus Puth
Printed in Germany
ISBN 3-7607-3853-2

Manfred Wespel

Wie wird mein Kind zum Leser?

Überarbeitete Fassung

arsEdition

Inhalt

Vorwort

Lesen und schreiben lernen gehört immer noch zu den großen Abenteuern der Kindheit. Wenn im Alter von etwa sechs Jahren die Sprachentwicklung abgeschlossen ist, ermöglicht die Eroberung der Schrift ganz neue Möglichkeiten zu lernen und zu denken.
Für Erwachsene ist es faszinierend zu beobachten, wie sich Kinder auf diese höchst schwierige Sache einlassen, wie sie sich dieses komplexe und abstrakte Werkzeug in oft kürzester Zeit aneignen und es dann auch produktiv benutzen. Inzwischen wissen wir auch, dass nicht wir dabei die Hauptarbeit leisten, wenn wir Kindern das Lesen und Schreiben beibringen, sondern die Kinder selbst.
Trotzdem hängt viel von uns ab, von den Erwachsenen in Familie, Schule, Bibliotheken, Verlagen und Buchhandlungen, damit dieser wichtige Schritt in die Welt der Schrift gelingt.
Gerade in jüngster Zeit betonen nicht zuletzt Naturwissenschaftler, wie wichtig Sprache und Schrift für die Entwicklung des menschlichen Geistes war und ist. Unsere Wissens- und Denkkultur gründet auf diesem geistigen Werkzeug, und wir sollten uns auch nicht einreden lassen, das elektronische Zeitalter mache Schrift überflüssig. Im Gegenteil! Die gigantische Informationsexplosion, die wir derzeit erleben, vermögen wir nur zu beherrschen und zu nutzen, wenn wir mit der Schrift umgehen können.
Lesen und Schreiben sind aber keine Fähigkeiten, die in kürzester Zeit voll ausgebildet sind. Es ist ein langer Weg vom Interesse an ersten Bildern und Buchstaben bis zum Verstehen der verschiedenen Texte – von der Zeitung bis zum Internet.
Auch wenn der Beginn dieses Wegs faszinierend ist, so ist diese Phase auch am meisten gefährdet. Wenn dieser Schritt misslingt, geht unserer Kultur viel verloren. Interessierte Eltern haben genauso wie ausgebildete Lehrer und Lehrerinnen, Buchhändler und Buchhändlerinnen, Bibliothekare und Bibliothekarinnen dasselbe Ziel: Dieses Buch zeigt Wege dazu auf, Kinder zu Lesern werden zu lassen.

Wie wird ein Kind zum Leser?

Über einige Grundlagen des Lesen- und Schreibenlernens

In die Schule kommen ist im Leben jedes Kindes ein entscheidender Schritt. Aber was heißt in die Schule kommen heute? Die Vorstellungen vieler Kinder und mancher Erwachsener sind ziemlich verschwommen. In die Schule kommen heißt vor allem:

So beginnt der Ernst des (Schul-)Lebens!

Glücklicherweise kommen Kinder heute meist nicht als unbeschriebenes Blatt in die Schule – sie haben schon unterschiedliche Erfahrungen mit dem Lesen und Schreiben.

Alle Kinder haben Erfahrungen mit Schrift.

Wenn Kinder früh mit Schrift umgehen, wenn Bücher, Zeitungen, Papier, Stifte, Farben Teil ihrer Lebenswelt sind, wenn sie selbst von Anfang an Bücher haben, ist der nicht ganz einfache Weg zur Schrift gut vorbereitet.

Reicht denn die Schule nicht aus? In der Schule lernen Kinder doch lesen und schreiben! In einer guten Schule findet man nicht nur Schulbücher, sondern auch viele andere »richtige« Bücher.

Warum ist und bleibt Lesen wichtig?

Lernen, Bildung, die Entwicklung der Persönlichkeit bleiben auch in der modernen Gesellschaft an die Schrift und an das Lesen gebunden.

In den letzten Jahrzehnten haben audiovisuelle Medien (Fernsehen, Videorekorder, Tonkassetten) und elektronische Medien (Computer, Internet, Spielapparate wie zum Beispiel die »Gameboys«) einen Siegeszug um die Welt angetreten. Einige Fachleute haben bereits das

Kinder benutzen heute viele verschiedene Medien.

Ende des Buchzeitalters angekündigt, andere befürchten, dass das Buch und die Schrift ihre Bedeutung verlieren.
Aber sowohl bei Erwachsenen als auch bei Kindern zeigt sich: Der Mediengebrauch insgesamt wird vielfältiger, Kinder und Erwachsene verbringen nicht weniger Zeit mit dem Mediengebrauch. Im Gegenteil, insgesamt ist die Zeit, die wir mit Medien verbringen, gestiegen. Und vor allem: Es wird nicht weniger gelesen.
Der Buchmarkt hat auf die Veränderungen reagiert: Er bietet viel gezielter für Kinder mit unterschiedlichen Lesefähigkeiten und unterschiedlichen Lesebedürfnissen neue Produkte an. Genügten

Umwelt ist immer auch Schriftumwelt.

früher neben den Büchern für Erwachsene global Bücher für Kinder und Bücher für Jugendliche, so gibt es heute ein breites Spektrum mit ganz unterschiedlichen Schwierigkeitsstufen.

Vor allem: Lesen und Schreiben bleiben auch in einer hoch entwickelten Gesellschaft von grundlegender Bedeutung: im Alltag, im Beruf, in Schule und Ausbildung und für die Persönlichkeitsentwicklung.

Wer durch eine normale Ladenstraße geht, ist von allen möglichen Arten von Schrift umgeben.

Der Computer ist auch ein Schriftmedium.

Wer mit einem Computer arbeitet, hat eine Tastatur mit den Buchstaben des Alphabets vor sich, das er kennen und anwenden muss. Auch wer die Bahn benutzt, ins Kino will, einen Mietvertrag unterschreibt: In vielen Fällen des täglichen Lebens bleiben Lesen und Schreiben Voraussetzung für die Teilnahme an der Gesellschaft.

Analphabetismus ist nicht nur in Ländern der Dritten Welt ein Problem, auch bei uns gibt es eine nicht geringe Anzahl von Menschen, die trotz eines langen Schulbesuchs nur unzureichend lesen und schreiben können und dadurch stark benachteiligt sind.

Vor allem: Schule, Unterricht, Bildung und Weiterbildung sind ohne Lesen und Schreiben kaum denkbar. Auch wenn heute Unterricht vielfach durch andere, audiovisuelle und elektronische Medien unterstützt wird, ist und bleibt Lesen die Grundlage.

Lesen öffnet Tür und Tor zur Welt.

Wer nicht (gut) lesen kann, ist von einem großen Teil unserer Kultur ausgeschlossen. Und die Schriftkultur umfasst nicht nur den Bereich des Wissens, der Information, der »facts«. Gerade beim Lesen von fiktionaler Literatur tauchen Kinder in andere Welten ein, sie erweitern ihr Vorstellungsvermögen, erschließen sich seelische und geistige Welten. Gerade in der Auseinandersetzung mit solchen fiktiven Vorgaben – seien es fantastische wie im Märchen oder realistische wie in vielen Erzählungen – entwickeln sich ihre emotionalen und kognitiven Vorstellungen.

Was können Eltern tun?

Lesen beginnt nicht erst mit dem Leseunterricht in der Schule. Die Sprach- und Schriftumwelt des Kindes in Familie und Kindergarten spielt eine bedeutsame Rolle.

Es mag übertrieben erscheinen, wenn behauptet wird: Wenn ein Kind in die Schule kommt, ist bereits weitgehend entschieden, ob es zu einem guten Leser wird. Denn Lesen lernen soll ein Kind in der Schule, dazu ist der Lese-Erstunterricht in den beiden ersten Schuljahren schließlich da. Vor allem darf eine solche Aussage nicht dazu führen, Lehrer und Lehrerinnen aus ihrer Verantwortung zu entlassen, wenn der Leselernprozess nicht erfolgreich verläuft oder gar zu scheitern droht.
Es heißt auch nicht, dass Eltern ihren Kindern bereits vor Schulbeginn Buchstabenkenntnisse beibringen oder mit ihnen Leseübungen machen sollten. Im Gegenteil: Eine zu frühe, bereits leistungsbezogene Erwartung an die Lesefähigkeit kann bei manchen Kindern Ängste vor der Schule aufbauen und zu Blockaden führen.
Was also können Eltern tun? Die Antwort ist ganz einfach: selber lesen und schreiben, den Kindern vorlesen, ihnen etwas erzählen und dabei spielerisch mit der Sprache umgehen (zum Beispiel mit Kniereitern, Fingerspielen und Kinderversen).

Kinder erleben lassen, dass Lesen und Schreiben zum Alltag gehört

Das muss nicht das berühmte »gute Buch« sein; jede Werbung, ein Brief, ein Fahrplan können genauso gut zeigen, warum Lesen so wichtig sein kann, und es für das Kind erstrebenswert machen, dies nachzuahmen. Und wie im Altertum und noch im Mittelalter üblich: Das laute Lesen und der Hinweis, was an der entsprechenden Stelle steht, macht den Vorgang des Lesens für ein Kind anschaulich und erfahrbar.

Mit dem Kind singen, reimen, mit Sprache spielen

Da Lesen zumindest am Anfang ein Rückübersetzen von schriftlichen Zeichen in mündliche Sprache ist, ist es wichtig, dass jedes Kind ein Gefühl für Klänge, Rhythmus und Betonung ausbildet.
Dazu eignen sich sehr früh alle Kinderverse und Reime, Kniereiter, Fingerspiele und Lieder. Da hört man, was gleich klingt (»Goldner Schuh – wie alt bist du?«), wo der Akzent bei einem Wort liegt (bei »Waffeln« auf dem ersten Selbstlaut, nicht auf dem zweiten wie bei »gebacken«), dass »Laus« anders klingt als »Maus«.

Daniela Winterhager: Hoppe, hoppe, Reiter, arsEdition, München

Was besonders erstaunlich ist: Jene Kinder, die früh den Spaß am Spielen mit Sprache, am Verdrehen und Vertauschen, am Ausprobieren entdecken, werden die besten Leser. Das beginnt bei Zungenbrechern und Auszählversen und endet bei Nonsens-Versen:

- »In Ulm und um Ulm und um Ulm herum«
- »Ene – mene – miste, es rappelt in der Kiste«
- »Das ist dein Ohrläppchen, dein Ohrschnäppchen, dein Kni-knaknäppchen«

Früh mit dem Kind Bilderbücher anschauen

Eine grundlegende Leseerfahrung kann sich beim Betrachten von ersten Bilderbüchern entwickeln. Hier wird die Frage »Was ist das?« und das Benennen »Das ist ein Stuhl« eingeübt. Klar, dass dabei alle Dinge auf die Lebenswelt des Kindes bezogen sind: »Und wo ist dein Stuhl?« – »Da!«

Welch ein Spaß, wenn der Vater auf das Bild eines Stuhles zeigt und sagt: »Das ist ein Tisch!« Ein so in den spielerischen Umgang mit Sprache einbezogenes Kind wird später Peter Bichsels Geschichte »Ein Tisch ist ein Tisch« bestimmt besser verstehen.

Aber man kann auch sonst einiges mit einem (stabilen) Bilderbuch machen: hineinbeißen, die Hand zwischen den Seiten verstecken, wie mit einer Klatsche herrlich Lärm machen...

Hauptsache, das Kind erfährt: Ein Buch hat viele Seiten. Und wenn man sie öffnet, kann man eine Welt darin vorfinden:

Meine Tiere, ars edition, München

Natürlich haben wir das Erzählen und Vorlesen längst an »mediale Knechte« abgegeben: an den Kassettenrekorder und den CD-Player, an den Videorekorder und das Fernsehen. Das ist auch nicht generell abzulehnen.

Regelmäßig Geschichten erzählen und vorlesen

Aber der unschätzbare Vorteil des persönlichen Vorlesens und Erzählens kann auch durch noch so perfekte Medien nicht ersetzt werden: Das Kind schätzt nicht nur die Geschichte, es ist ihm oft wichtiger, dass jemand Zeit hat, dass sich ihm jemand widmet, dass eine vertraute Atmosphäre entsteht, die sich auf das Verhältnis zum Lesen und zum Buch überträgt. Ein schönes Vorlesebuch ist zum Beispiel

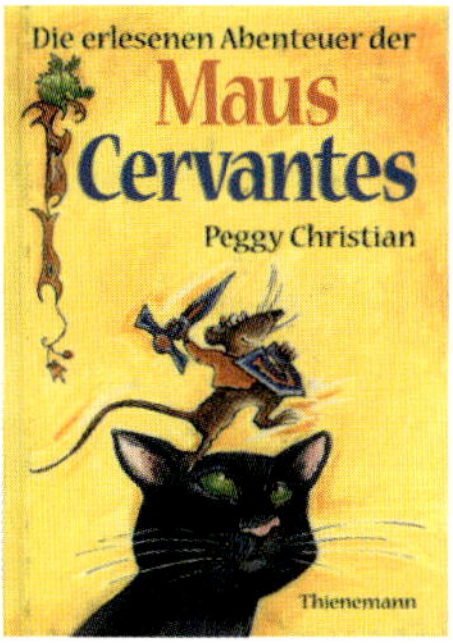

Peggy Christian, Die Maus Cervantes
© 1996 by K. Thienemanns Verlag,
Stuttgart – Wien – Bern

Vorlesen und Erzählen sind inzwischen nicht mehr nur Aufgaben der Mutter: Gerade auch, wenn Väter diese Rolle übernehmen, bildet sich eine positive Einstellung zum Buch und zum Lesen heraus.

Genügend Papier, Stifte, Farben bereitlegen

Lesen hat einen wichtigen Partner: das Schreiben. Je mehr ein Kind selbst ausprobieren kann, wie »Spuren« auf einem Papier entstehen, desto nachhaltiger wird die Beschäftigung mit Schrift. Wie in einer leseanregenden Umgebung Bücher und Gedrucktes zum Alltag gehören, so ist es für eine schreibanregende Umgebung wichtig, Papier in verschiedenen Größen, Formen und Farben und Stifte aller Art sichtbar und greifbar bereitzulegen, sodass das Kind zum Malen, Kritzeln, Schreiben eingeladen wird.

Wie entwickelt sich die Lesefähigkeit eines Kindes?

Lesenlernen ist ein langer Prozess, der früh beginnt und sich über eine lange Zeitspanne entwickelt. Jedes Kind durchläuft typische Stufen, auf denen sich die Lesefähigkeiten sinnvoll unterstützen lassen.

Was heißt »Lesenlernen ist ein Prozess«? Vor allem heißt es nicht: Wenn ein Kind in die Schule kommt, wird ihm das Lesen beigebracht – und nach einem Jahr kann es dann lesen. Diese Vorstellung übersieht, dass sich Kinder lange vor Schulbeginn mit Schrift auseinander setzen, dass sich das eigentliche, stark schulisch gesteuerte Lesen über einen relativ langen Zeitraum hinzieht und Kinder dabei immer auch neue, andere und erfolgreichere Formen des Lesens erreichen.

Die Lesedidaktik hat in den letzten zehn Jahren den Blick verstärkt auf diese Stufen und auf die Tätigkeit des Kindes selbst gerichtet. Das ist ein Fortschritt, weil sichtbar wurde, dass man Kindern nicht einfach das Lesen beibringen kann, sondern dass sich Kinder gemäß ihrer Entwicklung diese komplexe und anspruchsvolle Tätigkeit in Schritten aneignen. Dabei können und müssen Eltern, Kindergarten und Schule diese Aneignung sinnvoll unterstützen.

Bücher für Erstleser sollten sich heute deshalb an der Lese-Entwicklung und an den unterschiedlichen Zugriffen auf Schrift orientieren, ohne dabei starr an Altersangaben festzuhalten. Wir wissen, dass Kinder desselben Alters in verschiedenen Bereichen ähnliche Entwicklungen durchmachen, aber selbst bei einem biologisch programmierten Phänomen wie dem Zahnwechsel kann sich die Entwicklung von Kind zu Kind erheblich unterscheiden.

Vergleicht man die verschiedenen Modelle der Stufen des Lesen- und Schreibenlernens, ergibt sich ein relativ klares Bild.

5 automatisiertes Lesen und Schreiben

4 Schriftmuster erkennen und nutzen

3 Buchstaben-Laut-Beziehungen kennen und nutzen

2 Einzelne Buchstaben und Wörter kennen

1 Lesen und Schreiben nachahmen

So entwickelt sich die Lesefähigkeit eines Kindes.

1. Stufe: Die Nachahmung von Lesen und Schreiben

Wenn Kinder im Alltagsleben sehen, wie andere mit Stiften etwas schreiben (für sie bedeutet das: Spuren auf einem Blatt Papier hinterlassen), wenn sie erfahren, dass die Zeichen auf dem Papier in mündliche Sprache verwandelt werden können (also vor allem beim Vorlesen), dann wenden sie über kurz oder lang eine ihrer zentralen Lernstrategien an: Sie ahmen die Erwachsenen (oder ihre älteren Geschwister) nach. So wie sie auch Plätzchen backen, Geschirr spülen, Sterne ausschneiden wollen, so beginnen sie, die Tätigkeit des Lesens und Schreibens nachzuahmen. Sie nehmen einen Stift und kritzeln Blätter voll – manchmal auch Wände und Tische.

Mit dem Kritzeln beginnt das Schreiben.

Häufig nehmen Kinder ein Bilderbuch in die Hand, dessen Inhalt sie bereits kennen, und erzählen die Geschichte nach. So gelangen sie zu durchaus sinnvollen Äußerungen. Niemand würde sagen, dass ein Stammeshäuptling, der anhand der Bilder auf einer Bison-Haut aus der Geschichte seines Stammes erzählt, etwas Unsinniges tut.

2. Stufe: Einzelne Buchstaben und Wörter kennen
»Das da heißt Kaba«, »Das ist ein O« – solche Äußerungen hören Kinder beim Umgang mit Schrift früh – und das ist gut so. Auf keinen Fall sollte man ängstlich vermeiden, Kindern – vor allem, wenn sie neugierig sind – etwas über Schrift zu sagen oder sich mit ihnen über ihre Vermutungen zu unterhalten – auch wenn immer wieder davor gewarnt wird, den Kindern Bezeichnungen von Buchstaben zu nennen (B: ein »Be«, K: ein »Ka«), weil das das schulische Lesen behindern könnte.
Kinder beginnen in dieser Stufe, einzelne Buchstaben nachzuschreiben oder buchstabenähnliche Zeichen zu produzieren. Auch das ist eine wichtige Annäherung an die Schrift.

Pseudobuchstaben

Viele Kinder sind stolz darauf, dass sie ihren eigenen Vornamen und oft auch einzelne Wörter wie Mama, Papa, Oma, Opa, die Namen von Freunden und Freundinnen oder ihres Wohnortes auswendig schreiben können.

Der eigene Name ist oft das erste geschriebene Wort.

Auch hier gilt: Das Schreiben des eigenen Namens ist eine wichtige Fähigkeit auf dem Weg zum Lesen, und wir sollten uns hüten, das als »noch kein richtiges Schreiben« abzutun. Wir können uns auch klarmachen, dass es Sprachen gibt, die nicht nach dem Lautprinzip schreiben, sondern nach dem Prinzip der Bild- oder Begriffsschrift wie etwa das Chinesische. Und wir selbst lesen manche Zeichen wie Kinder Wörter lesen, als »Bilder«:

Bilder lesen

Zeichen lesen kann man auf verschiedenen Ebenen, seien es Piktogramme, Logogramme oder wie bei der Schrift die Buchstaben als Phonogramme.

3. Stufe: Buchstaben als Laut-Zeichen erkennen und nutzen
Eine entscheidende Stufe im Schriftspracherwerb beginnt, wenn das Kind das Grundprinzip unserer Schrift entdeckt, dass nämlich die Buchstaben die Laute der gesprochenen Sprache abbilden.
Für das Schreiben heißt das: Ich kann ein Wort, das ich spreche, Laut für Laut in Buchstaben übertragen, also aufschreiben. Psychologisch gesehen hat das Schreiben für Kinder eine größere Faszination als das Lesen und entspricht ihren Fähigkeiten eher, weil sie hier selbst etwas produzieren können, weil das Handeln im Vordergrund steht. In der Schriftsprachdidaktik hat sich der Ansatz »Lesen durch Schreiben« in den letzten Jahren stark verbreitet. Mithilfe von Anlauttabellen, einem alten Prinzip der Lesedidaktik, sind

Keine Angst vor Fehlern!

manche Kinder schon nach wenigen Wochen und Monaten in der Lage, Wörter und Sätze aufzuschreiben, wobei es natürlich zu Schreibungen kommt, die orthografisch gesehen mit Fehlern behaftet sind.
Früher versuchte man, möglichst jede Falschschreibung zu vermeiden, weil man befürchtete, ein Kind könne sich die falschen Wortbilder einprägen. Heute weiß man, dass eine frühe, aktive Auseinandersetzung mit der Schriftsprache die beste Grundlage für eine solide Rechtschreibentwicklung ist.

Dieses Kind lernt garantiert richtig schreiben.

Für das Lesen heißt das nicht, dass Kinder sofort alles oder flüssig lesen können. Am Anfang stehen oft nur wenige Buchstaben, denen die Kinder einen Lautwert zuordnen können – meistens sind es die Buchstaben aus dem eigenen Namen. Hier raten Kinder oft: Hat ein Wort am Anfang ein O wie bei »Oma«, dann »lesen« Kinder auch das Wort »Obst« als »Oma« – wenn sie das Wort isoliert sehen und wenn kein Zusammenhang da ist, der auf das Wort »Obst« hinweist. Nach und nach lernen die Kinder, jedes neue Wort alphabetisierend bzw. lautierend zu erlesen, d.h., Schritt für Schritt jedem Buchstaben einen Laut zuzuordnen. Das macht am Anfang viel Mühe, und nicht jedes Wort, das so erlesen wurde, gibt auch sofort einen Sinn. Das erlesene Wort stimmt in seiner Lautform nicht mit dem vertrauten Wort überein, es klingt ganz anders.
Hier hilft oft der Kontext. Wenn ein Kind das P von »Post« kennt und weiß, dass in diesem Gebäude die Poststelle ist, kann es unmittelbar von P auf »Post« schließen. In Büchern übernehmen in der Regel Bilder die Aufgabe, mögliche Wörter in den Erwartungshorizont zu rufen.
Auch Erwachsene wenden diese Lesestrategie an. Wenn der Kontext klar ist, erschließen wir ein Wort, ohne Buchstabe für Buchstabe zu erfassen.

Für viele Wörter haben wir im Voraus eine Erwartung.

Der Hund b   .

Aber wenn Erwachsene einen Text mit völlig unbekannten Wörtern lesen, müssen auch sie das Wort Buchstabe für Buchstabe erlesen.

Hier muss man einige Wörter erlesen.

Anwendungsweise:
Schutzkappe abnehmen. Vor der ersten Anwendung mehrmals pumpen (Abb. 1) bis zum Austreten eines gleichmäßigen Sprühnebels.
Der Dosierspray ist bei weiteren Anwendungen sofort gebrauchsfertig. Bei Gebrauch einmal pumpen (Abb. 2). Während des Sprühvorgangs leicht durch die Nase einatmen. Dosiersprayflasche möglichst senkrecht halten. Nicht waagrecht oder nach unten sprühen.
Nach Benutzung Schutzkappe wieder aufsetzen.

4. Stufe: Schriftmuster erkennen und nutzen

Kinder entdecken früh, dass Schrift eigenen Gesetzmäßigkeiten folgt, dass nicht einfach ein Laut einem Buchstaben entspricht. Beim Schreiben verwenden sie zuerst einfache orthografische Muster, etwa das »ie« bei »lieb«, »Tier«, »vier« oder die Großschreibung bei eindeutigen Nomen wie »Ball«, »Haus«, »Apfel«.

Erste Regeln erkennen

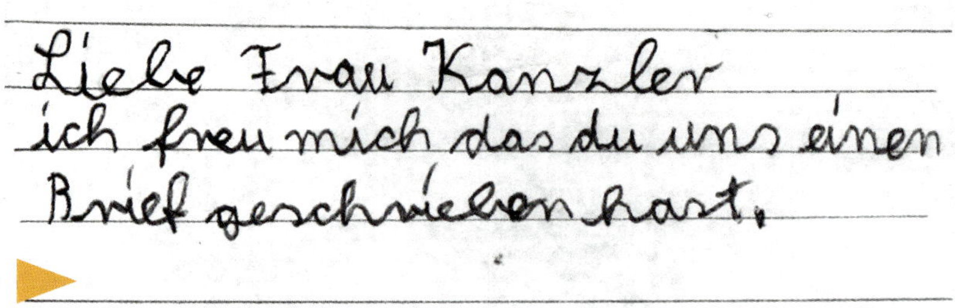
Liebe Frau Kanzler
ich freu mich das du uns einen
Brief geschrieben hast.

Beim Lesen beginnen manche Kinder, sehr häufige und kurze Wörter »auf einen Blick« zu erfassen, also etwa:

Ball	hat	sie	der	in
Eis	ist	er	die	zu
Hund	war	wir	den	...

Erste Wörter auf einen Blick erkennen

Und die Kinder erkennen auch häufig vorkommende Wortteile, die sie dann nicht mehr Buchstabe für Buchstabe erlesen müssen, z. B.: Wörter nach Silben oder nach häufigen Buchstabengruppen gliedern.

holte	abholen	sandig	kleinen
machte	aufsetzen	windig	roten

morgen	Seife	Haus	Flasche
holen	Blume	Maus	Tasche

Oder auch nur Teile eines Wortes auf einen Blick erfassen: durch Wortbausteine, Silben, Signalgruppen

Ein besonderer Fortschritt ist zu bemerken, wenn Leseanfänger nicht mehr am einzelnen Wort kleben bleiben, sondern aus den bisher im Satz gelesenen Wörtern Schlüsse über die folgenden Wörter ziehen.

Wenn Kinder einen Text über Pflanzen und Bäume lesen, nützen sie auch grammatische Informationen, etwa: nach einem maskulinen Artikel (der, ein) kann nur ein maskulines Nomen folgen (also: Baum, Ast), kein feminines (also nicht: Blume). Nach einem Subjekt im Plural (Bäume) kann nur ein Verb im Plural folgen (wachsen), nicht im Singular (wächst).

Was passt zusammen?

5. Stufe: Automatisiert lesen und schreiben
Alles, was Kinder bisher für effektives Lesen erworben haben, wird nun nach und nach automatisiert, etwa so wie beim Autofahren die einzelnen Bewegungsabläufe und die Wahrnehmung und das Wissen ineinander greifen und automatisiert ablaufen, sodass man sich nebenher noch unterhalten kann.
Die verschiedenen Strategien des Lesens greifen ineinander und werden je nach Kontext, Wissen und Textschwierigkeit eingesetzt. Gut liest, wer variabel alle Strategien einsetzen kann.

Mit unterschiedlichen Zugriffen lesen

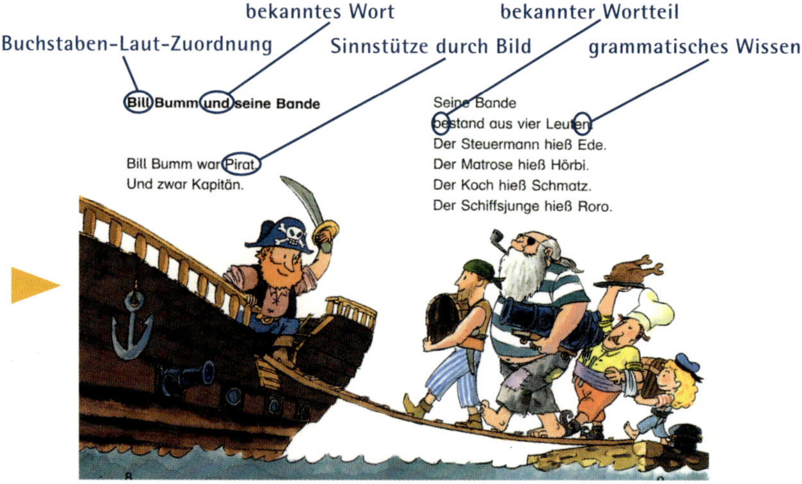

Aus: Ingrid Uebe/Uli Gleis: Kleine Piratengeschichten, arsEdition, München

Was lernen Kinder in der Schule?

Natürlich ist es in erster Linie Aufgabe der Schule, die Kinder lesen und schreiben zu lehren, oder besser gesagt: die Kinder beim Schriftspracherwerb bestmöglich zu unterstützen.

Kein Kind muss lesen können, wenn es in die Schule kommt. Es ist unbestritten, dass Vorerfahrungen mit Schrift wertvoll und erwünscht sind. Die Schule sollte Fähigkeiten, die die Kinder mitbringen, aufgreifen und in den Unterricht einbeziehen – so wie es in der populären Redewendung heißt: Man soll die Kinder dort abholen, wo sie stehen. Es ist besser, ein Kind kennt von einigen Buchstaben den Namen (B: »be«, m: »em«), als dass es gar keine Vermutung über die Funktion von Buchstaben hat. Aber natürlich ist es besser, wenn man zu einem Buchstaben nur den Lautwert nennt und nicht den Namen (also »b«, nicht »be«).
Leider ist es manchen Lehrerinnen und Lehrern am liebsten, wenn alle Kinder noch nicht und nichts lesen können. Das hängt mit der traditionellen Vorstellung des Lesenlernens mit einer Fibel zusammen: Alle Kinder lernen zur selben Zeit am selben Text dieselben Wörter und Buchstaben nach derselben Methode. Dieser »Fibeltrott« unterfordert fortgeschrittene Leser, während andere Kinder noch viel grundlegendere Formen der Auseinandersetzung mit Schrift brauchen und mit anderen Materialien umgehen müssen, zum Beispiel mit plastischen Buchstaben oder mit Buchstabenstempeln oder mit Bild-Wort-Karten.

Die zwei grundlegenden Wege des Lesens

Methodisch muss jeder Leseunterricht zwei Leseverfahren unterstützen:

▶ das synthetisierende Verfahren	▶ das ganzheitlich-analytische Verfahren
vom Buchstaben zum Wort	vom Wort zum Buchstaben

Die zwei grundlegenden Wege des Lesens

Heute wissen wir, dass für das Lesenlernen unserer Schrift von Anfang an beide Lesestrategien unverzichtbar sind. Nach dem »Zwei-Wege-Modell« lernt ein Kind einerseits, dass es ein Wort, vor allem ein neues, unbekanntes, kaum erwartetes Wort, durch die Zuordnung der Buchstaben zu Lauten erschließen kann. Es vergleicht die erlesene Lautform mit den ihm bekannten Lautformen in seinem inneren Lexikon. Je mehr es nicht nur die Buchstaben nach und nach Lauten zuordnet und sie zu einer Kette »zusammenzieht« und dabei auch sein Vorwissen und den (z. B. durch Bilder vermittelten) Kontext einbezieht, desto schneller kommt es zum Erfolg.
Andererseits können Wörter von Anfang an und mit zunehmender Lesepraxis immer häufiger auf einen Blick erfasst werden, und nur bei Unstimmigkeiten wird das Wort nochmals genauer auch im Hinblick auf seine Einzelelemente betrachtet. Bei dieser »ganzheitlichen Strategie« ist der Kontext, das Vorwissen, die Erwartung und ein entwickeltes Sprachvermögen besonders hilfreich.
Heutige Fibeln und Leselehrgänge gehen in der Regel fast ausnahmslos von diesem »methodenintegrativen Verfahren« aus, vermitteln von Anfang an beide Zugriffe und unterstützen das Kind in seiner Lernentwicklung. Dabei muss das Kind erfahren, dass sich Lesen lohnt. Nicht die Technik steht im Vordergrund, sondern das Leseerlebnis. Dazu gehört vor allem ein Leseangebot, das zum Lesen verlockt. Denn auch hier gilt: Lesen lernt man nur durch Lesen und nicht durch Ermahnungen.

Zum Lesen verlocken (nicht zum Lesen zwingen)

Warum brauchen Kinder »richtige« Bücher?

Lesen lernen Kinder für das Leben – und nicht (nur) für die Schule. Richtige Bücher helfen hier am besten, aber sie müssen zur Leseentwicklung passen.

Wie lernt man schwimmen? Indem man ins Wasser hineingeht – und nicht, indem man an Land lange Trockenübungen macht. Ins Wasser hineingehen heißt aber auch nicht, ins Wasser geworfen werden. Der Schreck oder der Schock könnte einem die Lust aufs Schwimmen ein Leben lang verderben.

In der Lesedidaktik der Nachkriegszeit wurden beim Lesenlernen zu lange Trockenübungen gemacht. Erst wurden lange Wochen Spazierstöcke und Kreise gemalt, dann wurden Buchstaben geschrieben und Wörter abgeschrieben – und erst lange danach konnten die Kinder Schrift wirklich benutzen.

Und auch das Lesen war zu sehr und zu lange allein auf das Lesen in der Fibel bezogen, zu lange nur Übung, zu lange nur Wiederholung von Texten ohne jeden Neuigkeitswert. Kinder müssen aber früh die Erfahrung machen, dass sich Lesen lohnt, dass man hier Neues erfahren kann. Natürlich müssen Kinder auch gezielt lesen üben, vor allem jene, die Schwierigkeiten haben. Aber ein Text, den ein Kind zum zehnten Mal liest, den sagt es auswendig auf, es liest ihn nicht mehr und es ist an seinem Sinn nicht mehr interessiert.

Da Kinder über unterschiedliche Lesefähigkeiten verfügen, müssen sie auch Leseangebote erhalten, die ihren unterschiedlichen Fähigkeiten entsprechen. In der Entwicklungspsychologie wird auf die richtige »Passung« zwischen Fähigkeit und Anforderung geachtet. Besonders fördernd ist dabei eine Aufgabe bzw. ein Angebot, das leicht über dem jeweils erreichten (und eingeübten) Fähigkeitsniveau liegt. Kinder spüren sehr gut, was sie bewältigen können – vorausgesetzt, sie können selbsttätig mit dem Angebot umgehen, werden nicht überfordert und unter Druck gesetzt und auch nicht unterfordert und gelangweilt.
Hier sind Kinderbücher von herausragender Bedeutung. Neben speziellen didaktischen Lesestoffen haben sich in den letzten Jahren auf dem Kinderbuchmarkt verschiedene Reihen und Einzeltitel etabliert, die entwicklungsgerechten Lesefähigkeiten und -bedürfnissen entgegenkommen.
Solche authentischen Bücher sollten jedem Kind zur Verfügung stehen. Sie sind heute in jeder Bibliothek vorhanden und können ausgeliehen werden (am besten mit den Kindern zusammen aussuchen). Und sie sollten in keiner Schule fehlen. Je mehr der Unterricht heute zumindest phasenweise »freie Arbeit« ermöglicht, desto wichtiger ist neben einer Schulbibliothek die klasseneigene Bücherecke, aus der die Kinder selbständig auswählen können.
Für die einzelnen Lesestufen bzw. Fähigkeitniveaus werden in der Lesedidaktik und im Buchhandel und Bibliothekswesen unterschiedliche Einteilungen vorgenommen (Punktesystem) und unterschiedliche Bezeichnungen verwendet. Trotzdem ist eine Übereinstimmung erkennbar. Oft werden die Begriffe Leseanfänger und Erstleser allgemein und gleichbedeutend gebraucht und bezeichnen alle Kinder, die im Schriftspracherwerb stehen.
Die folgende Übersicht soll die Orientierung erleichtern und helfen, die verschiedenen Stufeneinteilungen zuzuordnen.

Stufe	Bezeichnung	Lesefähigkeit
0	Frühleser	zu Bildern erzählen einzelne Buchstaben und Wörter kennen Zeichen, Logos, Ideogramme lesen
1	Leseanfänger	Systematisches Lesenlernen Kenntnis der Laut-Buchstaben-Beziehung stark synthetisierendes Lesen meist Wort für Wort
2	Erstleser	etwas geübt neben Synthese zunehmend auch ganze Wörter auf einen Blick oder Wortteile nützt Kontext (Thema, Bilder) stärker
3	fortgeschrittene Leser	umfangreichere Texte nützt Kontext (Thema, Bilder) gezielt nützt Informationen aus dem Text (Grammatik, Bedeutungen)
4	geübte Leser	liest zunehmend automatisiert nützt alle Strategien liest alle Textsorten verschiedene Lesehaltungen

Die Lesefähigkeit wächst Stufe für Stufe.

Worauf sollte man bei Büchern für das erste Lesealter achten?

Wichtige Kriterien für eine Beurteilung von Büchern für den Leseanfang

Das Angebot von Büchern für den Leseanfang hat sich in den letzten Jahren deutlich erweitert. Aber nicht überall, wo es »für Leseanfänger« heißt, ist auch etwas für Leseanfänger oder Erstleser zu erwarten. Oft sind sie eher für die nächste Lesestufe geeignet und stellen hohe Anforderungen an die Lesefähigkeit. Deshalb ist es gut, einige grundlegende Kriterien zu kennen, die es erlauben, ein Buch als geeignet oder als weniger bis nicht geeignet einschätzen zu können.

Wenn sich ein Kind von sich aus für ein bestimmtes Buch interessiert, dann ist das das wichtigste Kriterium. Und wenn das Kind die Freiheit hat, dieses Buch zu lesen oder die Lektüre abzubrechen, dann ist das eine Abstimmung »mit den Händen«, die zeigt, inwiefern Buch und Lesefähigkeit und Interesse zusammenpassen.

Dabei ist es durchaus zu empfehlen, gemeinsam mit dem Kind in der Bibliothek oder in der Buchhandlung oder im Klassenzimmer ein Buch auszusuchen und Alternativen vorzuschlagen.

Es gibt zahlreiche Kriterien, unter denen man ein Buch für Erstleser betrachten kann. In der Folge werden einige Kriterien für die Beurteilung von Erstlesebüchern genannt:

Darauf sollte man achten.

Inhalt/Darstellung – Berücksichtigt der Inhalt/das Thema die Erfahrungswelt und Interessen des Kindes? Ist die Darstellung spannend, lustig interessant?

Ausstattung – Ist das Buch sorgfältig hergestellt?

Schrift/Layout – Ist die Schrift klar und groß genug? Ist die Seite übersichtlich?

Sprache – Ist die Sprache verständlich?

Illustration – Unterstützen die Bilder das Lesen? Sind sie ästhetisch ansprechend?

Ist der Inhalt spannend, lustig und interessant?

Im Grunde ist jedes Thema, jeder Inhalt auch für Kinder darstellbar. Entscheidend ist, ob die Darstellung spannend, lustig und interessant ist.

Was interessiert ein Kind an einem Buch? Was ermuntert es, trotz der Mühen des Lesens umzublättern und weiterzulesen? Nicht die Größe der Schrift, nicht die Zeilenlänge und der Zeilensprung, nicht der einfache Satzbau, sondern vor allem, ob die Geschichte spannend oder lustig erzählt ist, ob eine Information interessant dargeboten wird.

Jedes Kind hat seine eigenen Vorlieben, mag bestimmte Inhalte, Figuren mehr, andere gar nicht. Kann man also keine Aussagen machen über Inhalte und Themen, die Kinder besonders mögen, die sich für alle eignen? Sicher lässt sich kein umfassender, gültiger Katalog aufstellen. Andererseits gibt es zentrale Inhalte, etwa das Thema Freundschaft, das für die gesamte Grundschulzeit einen wichtigen Platz einnimmt.

Sozialer Erfahrungsbereich	Fiktionaler Bereich
Freunde, Freundschaft	Hexen
Familie: Großeltern, Eltern Geschwister	Gespenster, Geister
Rollenproblematik: Junge – Mädchen	Außerirdische
Ferien, Verreisen	Fabeltiere, Drachen
Feste, Feiern	
Kindergarten, Schule	
Institutionen: Krankenhaus	
Andere Menschen	
(Darsteller: Kinder, Erwachsene, aber auch Tiere als Stellvertreter des Menschen)	

Besonders beliebte Inhalte und Themen

Sachthemen	Beschäftigungen
Tiere	basteln
Pflanzen	malen
Wald, Bäume	kochen
Wasser, Flüsse, Meer	gärtnern, pflanzen
Jahreszeiten	Spiele
Naturschutz	Witze und Rätsel
Technik	Zaubertricks
Fahrzeuge	experimentieren
Türme, Brücken	
Weltraum, Kosmos	
Andere Länder	

Entscheidend ist aber für die Frage, ob ein Kind weiterliest, nicht allein das Thema, sondern die Darstellung. Für Kinder gibt es im Grund nur wenige Kriterien, nach denen sie Bücher beurteilen. Das erzählende Buch muss spannend und/oder lustig sein, das Sachbuch interessant und verständlich.

Spannend heißt nicht, dass es sich um eine Detektiv- oder Abenteuergeschichte handeln muss. Spannend heißt, die Geschichte muss so geschrieben sein, dass das lesende Kind unbedingt wissen will, wie es weitergeht.

Lustig heißt nicht vordergründig spaßig. Kinder – und auch Erwachsene – lachen dann, wenn eine Norm verletzt wird, eine Konvention nicht eingehalten wird. Der Kater Findus in S. Nordqvists »Petterson zeltet« bezeichnet eine Zeltrolle als Wurst, und als er die Treppe hinunterkugelt, meint er, die Ohren gebrochen zu haben. Über diesen Kater kann man nur lachen – eine Wurst ist schließlich etwas zum Essen, die Ohren kann man gar nicht brechen.
Interessant ist ein Sachbuch dann, wenn es nicht langweilig ist, wenn es das Kind nicht durch Informationen überfordert, sondern das Thema in seinen Verstehens- und Interessenhorizont einbezieht.

Ist das Buch sorgfältig hergestellt?

Sprache und Schrift sind etwas sehr Abstraktes, aber ein Buch ist zuallererst einmal ein Gegenstand, den man sinnlich wahrnimmt: mit den Augen und Händen.

Viele Jahrhunderte lang gab es (neben den noch älteren Schriftrollen) nur handgeschriebene Bücher, manche nur ein einziges Mal, andere in wenigen Abschriften. Bücher waren kostbar, weil sie meist mit großer Sorgfalt und mit viel Aufwand hergestellt waren. Und sie mussten haltbar sein. Erst die bewegliche Letter und der Druck ermöglichten die Herstellung großer Auflagen und machten Bücher für viele bzw. heute für alle zugänglich und Lesen zu einer Kulturtechnik für die gesamte Bevölkerung.
Inzwischen ist das Druckerzeugnis oft auch ein Wegwerfprodukt (vor allem im Bereich der Zeitungen und Illustrierten). Zudem macht das elektronische Medium den Text nun zu einem beliebig löschbaren Produkt, er wird immer weniger greifbar.
Für Kinder (und auch für viele Erwachsene) ist ein Buch vor allem ein sinnlicher Gegenstand. Man kann ein Buch mit den Händen befühlen, den Umschlag, das Papier. Man kann ein Buch aufschlagen. Ein gut gebundenes Buch bleibt auch dann aufgeschlagen liegen, wenn sich ein Kind auf den Boden legt und darin blättert. Und da gute, interessante, spannende Bücher mehr als einmal und von mehr als einem Kind gelesen werden, sollten Kinderbücher nicht allzu billig hergestellt sein (wiewohl im Preis erschwinglich). Auch

hier gilt: lieber weniger und dafür gute Bücher als viele billige – wobei nichts gegen eine gewisse Vielfalt spricht. Manche Kinder mögen broschierte Bücher in allen Formaten und sammeln ganze Reihen. Dennoch: Die Wertschätzung des Inhalts und die Haltung zum Lesen erfolgt auch über die Gestalt und die Ausstattung von Büchern.

Solche Bücher lesen Kinder gern.

Das gilt auch für die Schrift und die Gestaltung der Seiten (das Layout) und beim Kinderbuch insbesondere für die Illustrationen. Eine genügend große und klare Schrift, eine gut aufgeteilte Seite und eine ansprechende Illustration sind mit entscheidend, ob ein Kind ein Buch mit Interesse in die Hand nimmt und sich auf das Lesen einlässt.

Kann das Kind die Schrift gut lesen?

Es gibt viele Schriftarten, vielleicht sogar zu viele. Kinder brauchen am Anfang eine klare, gut lesbare, genügend große Schrift und eine gut gegliederte Seiteneinteilung.

Eigentlich ist es doch ganz einfach: Es gibt 26 Buchstaben. Pardon: 26 große und 27 kleine, ach ja, und a ist nicht gleich ä, also nochmals sechs dazu, macht zusammen 59 verschiedene Buchstaben. Trotzdem kennen Kinder bald die meisten von ihnen.

Aber A ist nicht gleich 𝔄
und *b* ist nicht gleich *b*

Buchstabe ist nicht gleich Buchstabe.

Seit über 2000 Jahren steht die Grundform der Buchstaben so ziemlich fest und wird dennoch dauernd verändert – und im Zeitalter der Computerschriften natürlich immer rasanter.

Dd Dd *Dd* Dd
Dd Dd Dd 𝔇𝔡

So verschieden kann ein Buchstabe aussehen.

Manche Kinder finden sich in dieser Vielfalt schnell zurecht. Sie selbst gestalten ihre eigenen Buchstaben ja auch oft recht individuell aus.

Buchstaben wie Bilder

Aber für die ersten Schritte beim Lesenlernen sollte die Schrift klar sein und den Grundtypus des Buchstabens betonen. Besonders verwirrend kann es für Leseanfänger sein, wenn sich Schrift und Illustration überschneiden oder wenn die Schrift auf einem starkfarbigen Grund steht.

Welche Schriftart?
Die besten Erfahrungen wurden bei Leseanfängern mit einer einfachen Druckschrift gemacht, einer so genannten Grotesk-Schrift. Bei dieser Schriftart sehen die Buchstaben a und g so aus, wie sie die Kinder selbst zu schreiben lernen.

»Schmeckt gut, oder?«, fragt sie.

Am Anfang: klare Grotesk-Schrift

Bücher für Erstleser sind oft in einer Antiqua-Schrift gedruckt. Die Serifen, d.h. die Füßchen und Köpfchen, betonen die Horizontale und damit die Leserichtung von links nach rechts und erleichtern so die Orientierung in der Zeile.

Nein, ich komm nicht.

Antiqua-Schrift mit Füßchen und Köpfchen

Das dürfte vor allem nach dem Abschluss des grundlegenden Leseprozesses von Bedeutung sein. In den meisten Fällen wird eine Antiqua-Schrift aber aus ästhetischen Gründen gewählt.
Solange aber das synthetisierende Lesen im Vordergrund steht und die Kinder stark am Erlesen der Wörter orientiert sind, hat eine serifenlose Groteskschrift deutliche Vorzüge.
Da heute fast alle Kinder in der Schule die Druckschrift lesen und schreiben lernen und eine verbundene Schrift (sei es die Lateinische Ausgangsschrift oder die Vereinfachte Ausgangsschrift oder die Schulausgangsschrift) erst später hinzukommt, sind Bücher in Schreibschrift für das Lesen weder am Anfang noch später sinnvoll, da hier das Lesen und Erlesen deutlich erschwert ist. Schreibschrift benutzen wir vor allem deshalb, weil wir mit ihr selbst schneller schreiben können, nicht aber, weil sie sich für das Lesen besser eignet.

Als Buchschrift nicht zu empfehlen

Am nächsten Morgen nimmt

Dazu ein kleines Experiment:

Was können Sie leichter abschreiben?

Schreiben Sie zuerst die Zeile in der linken, dann in der rechten Spalte ab. Decken Sie dann die Zeilen ab und versuchen Sie dasselbe auswendig. Beim Schreiben werden Sie merken, dass es viel schwieriger ist, die Schreibschrift nachzuahmen.

Welche Schriftgröße?

Leseanfänger brauchen eine genügend große Schrift, die mit zunehmender Lesesicherheit kleiner werden kann.

Eine Schrift für Leseanfänger darf nicht zu klein sein. Das Auge muss das einzelne Wort gut durchgliedern können. Andererseits gilt nicht: je größer, desto besser. Es ist nämlich gleichzeitig wichtig, mehr als nur ein Wort erfassen zu können. Beim Lesen tastet sich das Auge nicht gleichmäßig an der Zeile entlang, es geht in Sprüngen vor (so genannte Sakkaden).

Die Schrift muss groß genug sein.

Er springt auf einen Stuhl	8˙	2,824 mm
Er springt auf einen Stuhl	10˙	3,530 mm
Er springt auf einen Stuhl	12˙	4,236 mm
Er springt auf einen Stuhl	14˙	4,942 mm
Er springt auf einen Stuhl	16˙	5,648 mm
Er springt auf einen Stuhl	18˙	6,354 mm

In Büchern für Leseanfänger werden meist Schriftgrößen zwischen 14 und 16 Punkt (Maßeinheit für Schriftgrößen) verwendet. Das ist bereits eine untere Grenze, die eher für die folgende Stufe (Erstleser) geeignet ist. Am Anfang, wenn sich das Kind noch stark auf das einzelne Wort konzentriert und stark synthetisierend liest, ist eine Punktgröße von 16 bis 20 Punkt denkbar.
Viele Bücher für Leseanfänger gehen zu früh auf eine niedrige Punktgröße über, was gerade schwächere Leser wegen der ansteigenden Textmenge zusätzlich abschreckt.

Warum ein genügend großer Zeilenabstand?
In Büchern für Leseanfänger dürfen die Zeilen nicht zu eng beieinander stehen, da die Kinder sonst beim Lesen in der Zeile »verrutschen«.

In Büchern für geübte Leser und auch in vielen (vor allem älteren) Kinderbüchern stehen die einzelnen Zeilen sehr eng beieinander. Das hat in erster Linie ökonomische Gründe, da auf diese Weise viel Text auf wenig Raum untergebracht werden kann.

Ein zu geringer Zeilenabstand erschwert das Lesen.

In Büchern für Leseanfänger sollte der Zeilenabstand genügend groß sein und den Wortabstand sogar noch übertreffen, damit beim Zeilensprung die nächste Zeile sicher getroffen wird.

Kurze Zeilen mit genügend Zeilenabstand

Es irritiert Kinder beim Lesen außerordentlich, wenn sie in derselben oder der übernächsten Zeile weiterlesen wollen. Wenn ein Kind trotz eines genügend großen Zeilenabstands Schwierigkeiten hat, die Zeile zu halten und sicher in die nächste zu springen, sind Hilfsmittel durchaus sinnvoll: mit dem Finger an der Zeile entlangfahren oder ein durchsichtiges Lineal unterlegen.

Warum keine langen Zeilen?
Leseanfänger brauchen kurze, nach Sinnschritten gegliederte Zeilen, da das selbständige Gliedern von langen Zeilen eine entwickelte Lesefähigkeit verlangt. Lange Zeilen im Blocksatz, mit Worttrennungen, sind für Leseanfänger nicht geeignet.
Schriftliche Sätze sind nur oberflächlich Wort für Wort aufgebaut. Will man den Sinn eines Satzes verstehen, ist es erforderlich, zusammengehörige Gruppen von Wörtern zu erfassen, also die syntaktische Struktur eines Satzes.

Sätze dürfen nicht als Einzelwörter gelesen werden.

1	2	3	4	5	6	7
Paula	bringt	gerade	den	Müll	nach	draußen

Wort-für-Wort-Leser haben oft Mühe, den Inhalt eines Satzes zu erfassen. Dem geübten Leser ist klar, dass bestimmte Gruppen von Wörtern zusammengehören und dass sie auch als Gruppe erfasst werden müssen.

Paula	bringt	gerade	den Müll	nach draußen
Subjekt	Prädikat	Adverbial	Objekt	Adverbial

Welche Wörter gehören zusammen?

Paula bringt gerade
den Müll nach draußen.

Aus: Otti Pfeiffer/Petra Probst: Kleine Adventsgeschichten, arsEdition, München

Um dieses Erfassen von Sinneinheiten zu unterstützen, sollten in Büchern für Leseanfänger die Zeilen anders angeordnet sein als in Büchern für Lesegeübte.

Peter und seine Mutter
sitzen im Wartezimmer.
Dort sitzen schon
ein dicker Mann mit Glatze
und ein dünnes Mädchen
mit blonden Zöpfen.
Der dicke Mann liest.

kurze Zeilen nach Sinnschritten

Flattersatz ohne Worttrennungen

Der Flattersatz gliedert nach Sinneinheiten.

Erst wenn höhere Strategien des Lesens, vor allem, wenn syntaktische und grammatische Informationen aus dem Text das Lesen steuern, kann der Zeilensprung das Vorauslesen unterstützen.

Wie geht der Satz weiter?

Nun läuft die Maus auf der Kiste.

Hier wird die syntaktische Gruppe »auf der Kiste« nach der Präposition »auf« unterbrochen: Ein fortgeschrittener Leser weiß, dass nun etwas folgen muss, das mit dieser Präposition vereinbar ist: auf dem Schrank, auf der Kiste, auf dem Brett…

Eine gut überschaubare Seitengliederung

Wie sollte eine gut lesbare Seite aussehen?
Natürlich kann und sollte keine Seite aussehen wie die andere. Das wäre langweilig. Aber einige wichtige Gesichtspunkte sollten bei der Gestaltung aller Seiten berücksichtigt werden.

Barfuß geht sie weiter,
bis sie
vor einem Bretterzaun steht.

Kim zieht die Schuhe
wieder an.
Sie wirft ihre Schultasche
über den Zaun
und klettert hinterher.

Vor ihr liegen
viele kleine Gärten.

nicht zu viel Text auf einer Seite

Abschnitte zur Seitengliederung

eine klare Druckschrift mit einfachen, nicht zu dünnen Buchstaben (Grotesk-Schrift)

genügend große Schrift, 16 Punkt und mehr

genügend großer Abstand zwischen den Zeilen (Durchschuss größer als Wortabstand)

Satzspiegel nicht zu dicht an den Seitenrändern

genügend großer Steg

Aus: Werner Färber/Detlef Kersten: Meine Schulweggeschichten, arsEdition, München

Kann das Kind den Text verstehen?

Was ist ein schwieriger Text, was ein leichter Text? Das hängt vom Text genauso ab wie von den Lesefertigkeiten des Kindes.

Natürlich wissen wir, was ein schwieriger Text ist. Wir alle haben die Erfahrung gemacht: Diesen Satz verstehe ich nicht. Und wir haben auch gemerkt, wie frustrierend das Lesen dann sein kann, bis hin zum Abbruch.

Was für die einen leicht ist, kann für andere schwer sein.

Wie zart ging er im Kopfsatz zurück beim Einsatz des zweiten Themas, das sonst mit unschöner Regelmäßigkeit verwackelt. Alle das Hauptmotiv übersingenden Kantilenen der Durchführung schienen fast vom Glück des Rosenkavaliers zu träumen. Dabei wirkte die Klassizität nicht billig erworben – sondern aus einem mystischen Dunkel heraufgeholt: Man konnte es während der Introduktion, aber auch am Ende der Durchführung so nachempfinden.

Ob ein Text schwer (verständlich) oder leicht (zu lesen) ist, hängt einmal von den Voraussetzungen des Lesers/der Leserin ab, von ihrem Vorwissen, von der Übung, von der Vertrautheit mit dem Thema und der Textsorte, also von der subjektiven Seite.
Und zum anderen von der »objektiven« Seite, vom Text selbst. Bestimmte sprachliche Merkmale erfordern ein entwickeltes Lesevermögen. Diese Merkmale sind auf verschiedenen Ebenen vorzufinden.

Welche Faktoren einen Text schwierig machen können

3 Bedeutungsebene: unbekannte, abstrakte Wörter

2 Satzebene: lange und komplexe Sätze

1 Wortebene: lange, schwer zu lesende Wörter

Welches Wort ist leicht oder schwer zu erlesen?

Vor allem in der Anfangsphase, wenn Wörter noch erlesen werden, spielen der Lautaufbau und der Wortaufbau eine große Rolle für den Leseerfolg.

Generell gilt: Lange Wörter sind schwieriger zu lesen als kurze, da sie mehr Gliederungsarbeit verlangen. Am Leseanfang ist es ein grundlegendes Problem, die Lautform zu erschließen. Und wenn ein Wort lang ist, hat das Kind am Ende schon nicht mehr im Ohr, wie der Anfang gelautet hat. Es findet in seinem inneren Lexikon nicht mehr die korrespondierende Lautform und muss von vorne beginnen.

Kurze Wörter und lange Wörter

Kurze Wörter erlauben auch eher das Erfassen auf einen Blick, das ein Erlesen der einzelnen Buchstaben nicht erforderlich macht.

leichter	↔	schwerer
in Oma		einen guten
der gut		abholen
ein macht		Fußball Kaugummi

Lange und kurze Selbst- und Mitlaute

Für das Erlesen ebenfalls leichter sind Wörter, die mit langen Selbstlauten und/oder »Dauermitlauten« beginnen, da das Kind bei der Synthese auf ihnen »ausruhen« kann, bis der nächste Laut gefunden ist.

leichter	↔	schwerer
Oma ruft Rose		Ast hat Post
Salat mein		komm bist

Erschwert wird das Lesen durch die Häufung von Mitlauten, die im Deutschen besonders häufig vorkommen. Ein Wechsel von Selbstlaut und Mitlaut erleichtert das Lesen.

Mitlauthäufung

leichter	schwerer
Banane Käse gute Mofa	Strumpf lacht Arzt springt bringst

Da im Deutschen die Tendenz vorherrscht, Wörter aus mehreren Bausteinen zusammenzufügen, entstehen oft lange, komplexe Wörter, für die die berühmte »Donaudampfschifffahrtskapitänswitwenrente« Pate steht. Das erfordert natürlich eine fortgeschrittene Gliederungsleistung, ohne die sich Leseanfänger hilflos im Wort verheddern.

Einfache und zusammen gesetzte Wörter

leichter	schwerer
Sand Spiel wo holen	Spielfeld sandig irgendwo abholen

Eine Hilfe kann bei zusammengesetzten Substantiven, die im Deutschen besonders häufig sind, die seit der Rechtschreibreform eher mögliche Schreibung mit Bindestrich sein.

So können Kinder lange Wörter besser lesen.

leichter	schwerer
Piraten-Picknick Tinten-Kleckse Buchstaben-Sack	Piratenpicknick Tintenkleckse Buchstabensack

Leichte und schwere Wörter

Je stärker ein Wort mit der Alltagserfahrung der Kinder verknüpft ist, desto eher versteht der kindliche Leser, was gemeint ist. Abstrakte Begriffe erschweren das Verstehen.

Ein Wort, ein Satz – sowohl ein mündlicher als auch ein schriftlicher – ist ein Zeichen für etwas. Sprache verweist auf Außersprachliches, auf Gegenstände, Begriffe. Wenn aber einem Wort keine Bedeutung im Kopf des Kindes entspricht, bleibt es bei einer Worthülse, dann ist der Name »Schall und Rauch«.

Natürlich gibt es auch hier von Kind zu Kind große Unterschiede in Bezug auf Erfahrung und Wissen. Trotzdem bilden sich bei Kindern zuerst durch das Handeln in Alltagssituationen konkrete Erfahrungsbegriffe heraus (Stuhl, singen, klein, auf) und nach und nach erst abstrakte Begriffe (Möbel, ahnen, bescheiden, niemals). Das zeigt sich deutlich bei Untersuchungen zum aktiven und passiven Wortschatz von Kindern.

Konkrete und abstrakte Begriffe

Bei konkreten Alltagsbegriffen ist ein Verstehen allein aus dem Text eher gesichert als bei abstrakten und erfahrungsfernen Begriffen.

leichter	↔	schwerer
Baum Schnee lieb		Gesundheit leisten
müssen rennen nass		Niederschlag erledigen
spülen hier auf klein		unvermeidlich ehrlos

Das kann sich bis in die Wortform hinein erstrecken. Ein Wort wie »lieb« (meine Katze ist lieb) ist durchaus im Wortschatz von Leseanfängern vorhanden, das Wort »Liebe« (die Liebe zu Haustieren) ist für sie dagegen kaum verständlich.

Leichte und schwere Sätze

Lange Sätze und eine komplexe Syntax erschweren dem Leseanfänger das Lesen – aber allzu simple Sätze bergen die Gefahr der Langeweile in sich.

Jeder erwachsene Leser kennt nur allzu gut lange, verschachtelte Sätze, bei denen er kaum das Ende findet. Sie erschweren oft unnötig das Lesen.
Texte für Leseanfänger müssen aus syntaktisch einfachen Sätzen bestehen, die sich sowohl im Umfang (Anzahl der Wörter pro Satz) als auch in der Struktur deutlich an dem Können von Leseanfängern orientieren.
Geht ein Satz über fünf Wörter hinaus, ist auf jeden Fall eine Anordnung in zwei und mehr Zeilen sinnvoll.

Lange und kurze Sätze

Warte ab!	2 Wörter
Paul sagt nichts.	3 Wörter
Niemand weit und breit.	4 Wörter
Susi wünscht sich ein Tier.	5 Wörter
»Das kommt von draußen!«, sagt Lars.	6 Wörter
Dann greift er tief in die Tüte.	7 Wörter
Da heult er laut auf und speit Feuer.	8 Wörter

Ebenso erschweren Klammerungen, die mehrere Satzglieder einschließen, eine Folge von zwei oder mehr Attributen und Reihungen von Satzgliedern und Nebensätzen die Sinnentnahme.

Schwieriger Satzbau

Er stemmte die Koffer und die Taschen hinauf.
Klammerung mit Einschub

seine rote, mit vielen Flicken besetzte Hose
mehrfache Attribuierung

Molly aber schrieb heimlich einen Zettel und steckte ihn in eine leere Flasche.
Reihung von Satzgliedern (Prädikate)

Als neben ihm etwas rumpelte und polterte, hebt er widerwillig den Kopf.
Nebensatz, vorangestellt

In vielen Fällen lassen sich lange und komplexe Sätze in zwei oder mehr Sätze auflösen.

So werden schwierige Sätze einfach.

Ich kann weit springen und Fliegen fangen

Ich kann weit springen. | **Ich fange Fliegen.**

Sicher ist hier die Gefahr groß, nur einfache Sätze nach demselben syntaktischen Muster (Subjekt – Prädikat – Objekt) zu bilden und damit langweilig klingende Texte zu produzieren, Reihensätze, wie sie in Fibeln vorherrschen.

Ganz schön langweilig!

Udo ist im Haus

Udo ist im Garten.

Udo ist im ...

Solche ähnlich gebauten Reihensätze sind für Leseanfänger durchaus eine Lesehilfe – sie sollten aber inhaltlich motiviert sein und nicht syntaktisch.

Ähnlich und doch spannend

Am Montag fraß sie einen Apfel.

Am Dienstag fraß sie ...

Am Mittwoch ...

Und auch kurze Sätze lassen viel Abwechslung zu: Fragen, Voranstellung von Satzgliedern (vor allem Adverbiale wie gestern, nach einer Sekunde, dort, auf dem Baum, gern), Ausrufe und unvollständige Sätze, wie sie vor allem in wörtlicher Rede üblich sind, können hier viel bewirken.
Manche Autoren und Autorinnen erreichen gerade mit einfachen Sätzen und mit gleichartigen Satzreihen eine rhythmische Satzmelodie, die sogar an lyrisches Sprechen und Schreiben heranreicht.

Helfen Illustrationen beim Lesen?

Bilder sind in Büchern für Leseanfänger unverzichtbar. Sie stützen den Lesevorgang, sollten aber auch ästhetischen Ansprüchen genügen.

Ein Bild sagt mehr als tausend Worte? Wohl kaum. Ein Bild sagt nichts, es zeigt etwas, stellt etwas dar. Durch Bilder können Kinder vor allem leichter und schneller erfassen, worum es geht, welche Figuren eine wichtige Rolle spielen, was sie tun und wo sie sich befinden. Bilder eröffnen also einen Bedeutungshorizont, in dem bestimmte Wörter zu erwarten sind. Ein Bild setzt das Thema, gibt eine Orientierung über die Personen, die Handlungen, den Ort.

aus: Ulrike Kaup/Claudia de Weck: Kleine Monstergeschichten, arsEdition, München

Das Bild hilft beim Lesen.

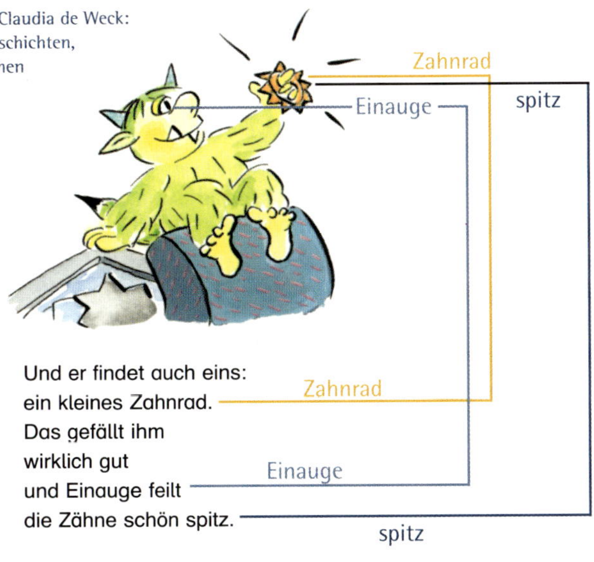

Diese Sinnerwartung ist für das Lesen bedeutsam, obwohl sich manche Leseanfänger gerade in der Phase des Erlesens so sehr auf die Laut-Buchstaben-Zuordnung und die Synthese konzentrieren, dass sie die Hilfe, die sie durch die Bilder bekommen, nicht nutzen. Bilder haben darüber hinaus die Funktion, die Textmenge auf einer Seite zu reduzieren. Am Anfang kann dieses Verhältnis sogar deutlich zugunsten des Bildes verschoben sein, sodass das Kind zu einem Bild auf der Seite nur einen Satz lesen muss. Bei vielen Bilderbüchern ist das so. Hier steuert das Bild das Lesen des Satzes und zugleich bestätigt der Text die Sinnentnahme aus dem Bild, stellt also wechselseitige Kontrolle her.

Was da wohl steht? Ich kann es mir denken!

Nisse kauft die Zeitung.

Aus: Olaf Landström: Nisses neue Mütze
Abdruck mit freundlicher Genehmigung Verlag Friedrich Oetinger, Hamburg

Motivierend ist es aber auch, wenn man den Text lesen muss, um etwaige »Rätsel« im Bild lösen zu können, oder wenn das Bild zu Fragen anregt, die der Text zu lösen verspricht:

Aus: Birgit Rieger: Der kleine Drache ist verliebt, arsEdition, München

Das Bild weckt das Interesse am Text.

Die Etymologie des Wortes Illustration gibt uns darüber Auskunft, dass Bilder einen Text nicht nur anschaulich machen können und erläutern, sondern dass sie einem Buch auch Glanz verleihen und es verschönern. Man denke an die mittelalterliche Buchmalerei, in der die Kodices gerade durch die Miniaturen einmalig wertvoll wurden. In der Frage der Illustration gehen allerdings die Urteile oft weit auseinander. Außerdem betrachten Kinder Bilder nicht mit denselben Augen wie Erwachsene. Dennoch gibt es Maßstäbe für die ästhetische Qualität von Illustrationen, die auch im Kinderbuch zu beachten sind.

Welche Bücher fördern die Leseentwicklung?

Beispiele für den Zusammenhang von Lesefähigkeit und Buch

Es gibt von Künstlern, Schriftstellern, Literaturwissenschaftlern, von Lehrern und Lehrerinnen und von Eltern immer auch skeptische Blicke auf Erstlesebücher – sie befürchten eine Verschulung der Literatur, eine Einschränkung der Kreativität, eine Trivialisierung, eine Schematisierung.
Dem steht die entwicklungspsychologische Erkenntnis der »Passung« gegenüber. Neuere Forschungen zur Lesesozialisation haben darüber hinaus bestätigt, dass das, was in der frühen Phase versäumt wurde, kaum mehr aufzuholen ist.
Für ein »chaotisches« Lesenlassen, bei dem es keine besonderen Bücher für Leseanfänger gibt, plädieren vor allem Eltern, deren Kinder in einer Schriftkultur aufwachsen, die mit Sicherheit zum Erfolg führt. Kein Mensch käme heute mehr auf die Idee, Kindern zum Lesenlernen einfach Bibeltexte anzubieten, obwohl die Bibel ursprünglich das Buch war, an dem Lesen gelernt, genauer: gelehrt wurde. Aus dem Buch mit (vereinfachten) biblischen Geschichten wurde die Fibel. Sicher gibt es spannende und schöne Bücher, die für Kinder geeignet sind, wie etwa Astrid Lindgrens Erzählungen, doch sind Leseanfänger kaum in der Lage, sie selbständig zu lesen.
Will man Kindern Bücher anbieten, die ihrer Lesefähigkeit und Leseentwicklung entsprechen, heißt das nicht, sie schematisch auf eine Stufe, eine Buchart, eine Altersentwicklung festzulegen. Dasselbe Kind will heute etwas lesen, das es herausfordert, morgen wieder etwas, das es leicht lesen kann; heute wagt es sich an ein ganzes Buch, morgen will es nur ein paar Rätsel oder Witze lesen.

Bilderbücher: Kinder zum Buch hinführen

Erste Bilderbücher – einfache und komplexe, Bücher mit und ohne Schrift – sind der wichtige Einstieg in die Welt der Bücher und in den Umgang mit Symbolen überhaupt.

Je früher eine Beziehung zum Buch hergestellt wird, desto dauerhafter bleibt sie. Das heißt: bereits für das Kleinkind sollte das Buch zu den Alltagsgegenständen gehören. Als allererstes Kinderbuch bietet sich zum Beispiel an:

So sieht die Wirklichkeit aus.

Susanne Riha: Etwas Hartes. Etwas Weiches
Abdruck mit freundlicher Genehmigung
Dachs Verlag, Wien

Allererste Bilderbücher sind in der Regel ohne Schrift. Sie zeigen Gegenstände der Alltagswelt. Das Kind lernt an ihnen zwei grundlegende Dinge:

Was ist ein Buch?

Es entdeckt, dass jedes Buch aufklappbar ist. Ein Buch hat mehrere Blätter, die man umdrehen kann, und auf jeder Seite erscheint etwas anderes.

Was ist ein Bild?

Hier erfährt das Kind, dass jedes Bild für etwas steht, es ist ein Symbol, nicht die Sache selbst. Die Fähigkeit, Bilder als Symbole für etwas zu erfassen, ist die Voraussetzung für das Entschlüsseln schwieriger Bildsymbole, z. B. von Zeichen wie Verkehrszeichen oder Firmenlogos und vor allem von Schriftzeichen.

Schon Dreijährige können mit komplexeren Bilderbüchern umgehen. Geeignet sind hier Situationsbilder, die eine Reihe von Gegenständen, Personen, Handlungen und Vorgängen zeigen, wie zum Beispiel »Unterwegs mit Lars und Lena«:

Ingrid Hecht: Zeig mir deine Welt,
Das große Lars und Lena Buch
Abdruck mit freundlicher Genehmigung
© Verlag Herder GmbH & Co. KG,
Freiburg, 1999

Wie schon bei den allerersten Bilderbüchern spielt auch bei den komplexen die mündliche Sprache eine bedeutsame Rolle. Das Zeigen-und-benennen-Spiel ist dabei grundlegend. Beim Anschauen von komplexeren Bildern geht es aber auch um den Vergleich mit der eigenen Erfahrung und um das Erzählen (»Ja, bei der Oma gibt es auch so einen Brunnen.« – »Weißt du noch, in den letzten Ferien hast du mich mit Wasser nassgespritzt.«). Dinge, die dem Bild vorausgehen und welche, die folgen und daher nicht sichtbar sind, werden mit in den Vorstellungshorizont einbezogen – wie zum Beispiel in diesem Bilderbuch

Daniela Kulot-Frisch: Nasebohren ist schön
© 1996 by K. Thienemanns Verlag,
Stuttgart – Wien – Bern

Auch Bilderbücher mit Schrift spielen in der Phase, in der die Kinder Schrift nur global wahrnehmen, schon eine Rolle: Hier wird Schrift als Stellvertreterin für mündliche Sprache erfahren und es werden erste materiale Aspekte der Schrift sichtbar: Buchstaben, Wort und Wortabstand, Zeile, Richtung.

In der Regel sind diese Bilderbücher so angelegt, dass Kinder die Handlung nach einem ersten Anschauen und Erzählen oder Vorlesen allein anhand der Bilder erfassen, verstehen und wiedergeben können. Das Reihungsprinzip (der Maulwurf fragt ein Tier nach dem anderen, jedes Tier antwortet nach demselben Muster) erleichtert hier das Verständnis – wie zum Beispiel in dem Bilderbuch »Vom kleinen Maulwurf, der wissen wollte, wer ihm auf den Kopf gemacht hat.«

Was der Hase sagt, kann man sich leicht merken.

Aus: Werner Holzwarth/Wolf Erlbruch:
Vom kleinen Maulwurf, der wissen wollte, wer ihm auf den Kopf gemacht hat

So erschließt das Bilderbuch die fremde Welt. Bevor ein Kind einen Elefanten gesehen, einen Düsenjäger aus der Nähe betrachten konnte, weiß es, wie diese Dinge aussehen und heißen. Obwohl heute das Fernsehen diese Rolle weit gehend besetzt, hat das Buch hier entscheidende Vorzüge.
Vorschulkinder bevorzugen bei Bildern relativ klare Formen; sie wollen Gegenstände, Figuren und Situationen deutlich wahrnehmen. Trotzdem bedeutet das nicht, dass man Kindern nur Illustrationen in einem strikt realistischen Stil anbieten sollte. Die ganze Vielfalt der bildnerischen Möglichkeiten in Technik, Farbe und Komposition ist erwünscht. Allzu expressive, karikierende, stereotype oder kitschige Bilder lehnen Kinder meist von selbst ab.
Bei Bilderbüchern mit einem Textanteil ist es besonders fruchtbar, wenn das Bild das Verstehen unterstützt oder sogar über den Text hinausführt. Darin besteht auch der Vorzug des Bilderbuches gegenüber dem Fernsehen; das Kind kann verweilen, kann Bezüge und Details entdecken, kann seine Wahrnehmung schulen und entwickeln.

Vorlesebücher: Kindern Lust aufs Lesen machen

Die wichtigste Aufgabe von Erwachsenen bei der Leseerziehung ist, den Kindern Literatur nahe zu bringen. Die beste Methode: Erzählen und Vorlesen.

Am Anfang der literarischen Erziehung der Kinder steht nicht das Buch, sondern die mündliche Literatur: Kinderverse, Abzählreime, Kniereiter, Fingerspiele, Trostsprüche, Necklieder, Abendlieder, Märchen, Erzählungen, Geschichten.
Wir leben nicht mehr in einer mündlich-literalen Kultur, sondern in einer schriftlichen und in einer audiovisuellen bzw. elektronischen. Der Buchmarkt hat das literarische Repertoire gewaltig ausgedehnt – auch im Bereich der Bücher, die man Kindern vorlesen kann. Zu den klassischen Vorlesebüchern gehören die Volksmärchen:

Brüder Grimm: Die Bienenkönigin
© 1994 Esslinger Verlag J.F. Schreiber

Und gerade bei den Märchen lässt sich zeigen: Gutes Vorlesen ist mehr ein Erzählen, das sich dem Alter, dem Verstehen, der Stimmung des Kindes anpasst und sich eher am Text entlang bewegt, als dass es ihn wörtlich abliest. Ein Märchenbuch mit Bildern lädt geradezu ein, das Geschehen nochmals zu rekapitulieren, zu verweilen, zu kommentieren und gemeinsam zu überlegen.
Es gibt inzwischen zahlreiche Vorlesebücher für alle Altersstufen. Auf keinen Fall sollte das Vorlesen aufhören, wenn Kinder beginnen, selbst zu lesen. Das gilt besonders auch für die Schule. Gerade dort können alle Kinder erfahren, was Literatur ist. Vom Verstehen her sind Leseanfänger in der Lage, recht anspruchsvolle Literatur zu verarbeiten, die sie selbst oft erst Jahre später eigenständig lesen.
Das Lesen in der Frühstückspause, das Lesefest, der Vorlesenachmittag und die Lesenacht sind Formen, die den Kindern Lust auf

Literatur machen. Im häuslichen Bereich macht es Kindern oft mehr Spaß, wenn Freunde und Freundinnen beim Vorlesen mit dabei sind. Das literarische Leben war nie ein nur privates, im Gegenteil, je geselliger es sich gestaltet, desto anregender ist es.

So macht Vorlesen noch mehr Spaß.

Bild-Wörter-Bücher: Kinder ins Lesen einbeziehen

Ist in einem Satz ein Wort durch ein Bild (eine Bild-Vignette) ersetzt, so kann das Kind mit in den Leseprozess einbezogen werden – wie zum Beispiel bei diesem Bild-Wörter-Buch

Aus: Sarah Bosse/Dorothea Tust: Kunterbunte Familiengeschichten, arsEdition, München

Gemeinsam lesen macht doppelt Spaß.

Auch ein Kind, das die Laut-Buchstaben-Beziehung noch nicht kennt und beherrscht, kann seinen Part beim Lesen übernehmen. Während der Erwachsene die Schrift liest, »liest« das Kind die Bild-Vignette.

Bilder lesen und Wörter lesen

Natürlich ist das Bild einer Brille nicht die Brille selbst, auch wenn man auf das Bild zeigt und sagt »Das ist eine Brille«. Um das Bild lesen zu können, muss das Kind »nur« wissen, was eine Brille ist, wie sie aussieht und möglichst auch, wozu man sie braucht. Es kann auch der Fall sein, dass das Kind weiß, was diese seltsamen Linien, die Buchstaben BRILLE hier bedeuten, ohne dass es die Buchstaben als Zeichen für bestimmte Laute kennt. Zumindest einige Wörter können Kinder so »lesen« – so wie Erwachsene solche Zeichen lesen:

&	heißt/bedeutet »und«,
§	heißt/bedeutet »Paragraph«.

Das Prinzip des Bild-im-Satz-Lesens oder des Wort-zum-Bild-Lesens ist nicht neu. Fibeln arbeiten immer schon nach dieser Methode. Der »orbis pictus« von Comenius (1634) zeigt die Welt im Bild und gibt zur abgebildeten Welt das Wort hinzu.

(20)

VIII.

Terra.

Die Erde.

(21)

In Terrâ	Auf der Erden
sunt	sind
Montes 1 alti,	hohe Berge/ 1
Valles 2 profundæ,	tieffe Thäler/ 2
Colles 3 elevati,	erhabne Hügel/ 3
Speluncæ 4 cavæ,	hole Klüffte (Hölen/) 4
Campi 5 plani,	ebne Felder/ 5
Sylvæ 6 opacæ.	schlattichte Wälder. 6

Das Bild zeigt, das Wort benennt.

Das Prinzip des Bild-im-Satz-Lesens zeigt die Curieuse Bilder-Bibel von 1779 noch viel deutlicher:

Ein altes lesedidaktisches Prinzip

Liest man mit Kindern solche Bild-Wörter-Bücher, ist es am besten, wenn der Lesekundige mit dem Finger an der Zeile entlangfährt, damit das Kind sieht, wann es an der Reihe ist.

Was erfährt das Kind dabei über das Lesen? Zuerst etwas scheinbar Selbstverständliches: dass wir beim Lesen von links nach rechts vorangehen, dass man am Ende einer Zeile wieder nach links springen muss (mit den Augen und mit dem Finger) und dass die Zeilen von oben nach unten laufen.

Deshalb sollten die Vignetten auch gut in der Zeile stehen und die Leserichtung nicht stören, weder dadurch, dass sie zu stark aus der Zeile herausragen (das ist vor allem bei Menschenfiguren ein

Problem), noch dadurch, dass sie ständig gegen die Links-rechts-Bewegung stehen.

Die Leserichtung ist wichtig.

 liegt in seinem 

Wichtiger aber: Das Kind erfährt, dass jedes Wort, das es hört, auch auf dem Blatt steht. Diese Erkenntnis ist vor allem später beim eigenen Schreiben bedeutsam, da manche Kinder meinen, nur die wichtigsten Wörter (die Namen sozusagen) würden aufgeschrieben. Außerdem übt das Kind, was für den Lesevorgang das Wichtigste ist: Bei jedem Satz, der gelesen wird, bauen wir eine Erwartung auf, die uns sagt, wie das nächste Wort wohl lauten könnte.
Gut (und schnell) liest auf die Dauer nur, wer im Voraus sein Gedächtnis nach möglichen Wörtern absucht, und das nicht nur in inhaltlichem Sinne, sondern auch im sprachlichen. Deshalb sind gerade auch Vignetten, für die inhaltlich zwei oder mehr Wörter stehen könnten, für das Lesen so interessant. Die Vignette

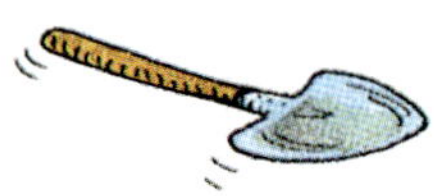

könnte als Schaufel oder als Spaten gedeutet werden. In der Zeile

Wie muss es weitergehen?

Sie nehmen eine

kann es aber nur »Schaufel« heißen, weil zuvor zu hören ist »Sie nehmen eine ...«.

Oder etwas wissenschaftlicher ausgedrückt: Beim Lesen bildet man laufend Hypothesen über den Fortgang des Textes. Man fragt sich von Wort zu Wort, was als nächstes Wort folgen könnte, und man sucht im Grunde schon in dieser Richtung. Und genau das lernen Kinder bei diesem Buchtyp!

Suchen, entdecken, identifizieren

Aus: Sigrid Gregor: Kunterbunte Hexengeschichten, arsEdition München

Werden in einem Suchbild alle Bild-Vignetten der Geschichte zusammen mit dem Wort präsentiert, kann das Kind allein die Bilder mit den Wörtern betrachten – und sich das eine oder andere merken. Großen Spaß macht es, wenn jemand auf eine Vignette am Rand zeigt, der andere auf dieselbe Abbildung im Gesamtbild. Das schult das optische Vergleichen, eine allgemein wichtige Grundlage für das Lesen.

Das Prinzip Bildergeschichte: Wie Bilder zum Lesen verlocken

So funktioniert das Prinzip Bildergeschichte:
Auf der Bildebene kann das Kind die Handlung der Geschichte aufbauen und verstehen. Die Schriftebene sagt vor allem, was die Personen sagen und denken.

Natürlich kennen wir die reine Bildergeschichte ohne Worte, sogar ohne Titel. Hier wird in einer rein bildlichen Form eine Handlung in wenigstens zwei Schritten dargestellt (etwa bei Hans-Jürgen Press: Der kleine Herr Jakob), das Kind lernt hier den wichtigsten Vorgang des Schließens, des Schlussfolgerns. Die Bildergeschichte kann aber auch eine ganze Erzählung umfassen – und braucht dann meistens den Text. Ein uns bekanntes Beispiel: Wilhelm Busch. Gerade bei ihm sieht man, wie sehr sich Bild und Text ergänzen und stützen und doch ihre eigene Rolle spielen.
Dieses Prinzip kann gerade für den Leseanfänger sehr motivierend sein, denn das Handlungsgeschehen wird zentral über die Bildfolge vermittelt, ein zumindest globales Verstehen der »story« wird so zugrunde gelegt. Darüber hinaus unterstützt dieses antizipierende Verstehen das Lesen: Was unter den Bildern steht, ist zumindest eingegrenzt.
Gerade weil das Bild nicht alles sagt (sagen kann), wird das Interesse an der Schrift geweckt. Was fragt denn nun Papa, worum bettelt Jana?

„Eine Ratte?", fragt Papa.

„Warum denn nicht", sagt Mama. „Ratten sollen sehr klug sein."

Bild und Text gehören zusammen.

„Bitte!", bettelt Jana.

„Wenn ihr alle wollt", seufzt Papa, „geb ich mich geschlagen."

Aus: Katrin Grothusen/Dorothea Tust: Wie das Glück ins Käsebrötchen kam, arsEdition, München

Noch konsequenter ist diese Verschränkung von Bild und Text, von Handlung und wörtlicher Rede im Comic verwirklicht. Sicher, kommerzielle Comics wie Micky-Maus, Asterix, Fix und Foxi und selbst solche, die für junge Leser gedacht sind wie Benjamin Blümchen, überfordern Leseanfänger. Die Handlung ist in zu viele Einzelbilder aufgefaltet, die Zuordnung von Bild-, Kommentartext und Sprech- und Denkblase ist nicht eindeutig, das Personal zu vielfältig, die Sprache zu komplex. Im Comic ist noch unmittelbar ersichtlich, was die Personen zueinander sagen, was sie denken. Das steht in den Sprechblasen. Schrift bildet unmittelbar die gesprochene Sprache ab. Gerade in der Phase des Schriftspracherwerbs ist dies für Kinder eine grundlegende Einsicht, die sie gewinnen müssen, und ein grundlegendes Verfahren, wenn sie selbst etwas schreiben wollen: Was in den Sprechblasen steht, kann ich laut aussprechen, und was ich spreche (und denke), kann ich in Schrift sichtbar machen.

Die Bedenken, dass Leseanfänger durch die parallele Verarbeitung von Bild und Wort überfordert seien, bezieht sich auf klassische kommerzielle Comics. Deshalb ist es wichtig, bei Comics für Leseanfänger auf einige Aspekte zu achten, die unbedingt berücksichtigt sein sollten.

Comics für Kinder sind anders.

Aus: Julia Drinnenberg: Schatzsuche auf der Papageien-Insel
© Edition Bücherbär, Würzburg, 1998

Dazu gehören:

- Eine mittlere Anzahl von Bildern pro Seite (zwei bis sechs), im Unterschied zu der oft 20 und mehr umfassenden Anzahl bei kommerziellen Comics, und eine klare Anordnung der Bilder von links nach rechts.
- Eine genügend große einfache Schrift, im Gegensatz zu kleinen und handgeletterten Schriften. Originalcomics verwenden häufig nur Großbuchstabenschriften. Für Leseanfänger ist diese Alternative (als Druckschrift) denkbar.
- Eine klare Unterscheidung zwischen Sprech- und Denkblasen einerseits und Kommentarzeilen. Das ist grafisch lösbar (Farbe und Positionierung). Dadurch wird die Abfolge in der Wahrnehmung gezielter gelenkt und verwirrende Sprünge werden ausgeschlossen.
- Eine klare Zuordnung von Sprecher und Sprechblase durch den Dorn.
- Eine grafisch klare Ausgliederung der Lautwörter und anderer Zeichen.
- Keine Überschneidung und Überdeckung von Bild und Text.

Wenn diese Kriterien beachtet werden, stellen Comics ein motivierendes Medium für Leseanfänger dar. Dabei sind die Themen keineswegs auf die der klassischen Comics zu beschränken. Neben lustigen und abenteuerlichen Motiven sollen gerade auch Themen des Alltags und fantastisch-fiktive Geschichten berücksichtigt werden.

Jugendliche, die Schwierigkeiten mit dem Lesen haben und traditionelle Bücher meiden, lesen – wenn überhaupt – Comics. Für den Schriftspracherwerb kann die Comic-Lektüre den Beginn einer sinnvollen Entwicklung darstellen. Sie kann völlig verschwinden, sie kann als Teilbereich bestehen bleiben, sie sollte auf jeden Fall durch viele andere Formen des Lesens ergänzt werden.

Erste Geschichten: Das selbständige Lesen unterstützen

Die spannendste Phase des Lesenlernens beginnt, wenn Kinder in der Lage sind, selbständig Wörter und Sätze zu erlesen. Das ist anstrengend – die Mühe muss sich schon lohnen!

Erste Geschichten, in denen die Hauptbedeutung aus dem Text erschlossen wird, kann ein Kind selbständig lesen, wenn es (fast) alle Buchstaben kennt und in der Lage ist, durch Lautzuordnungen die gesamte Lautform eines Wortes zu erschließen und ihr eine Bedeutung zuzuordnen.
Dabei darf es nicht mechanisch am Buchstaben kleben – kein noch so einfacher Text kann alle Fallen der Schriftsprache verbannen.

Svenja bekommt einen Schreck

kein f · keine 2 m · nicht e-i, sondern ai · kein e, sondern ä · zusammen wie k

Schrift hat eigene Gesetze.

Solche Fallen gibt es viele:

ah	**ie**	**tt**	**ng**	**St/st**	**ü**	**x**
oh	**ih**	**ss**	**nk**	**Sp/sp**	**ö**	**y**
uh	**ieh**	**mm**			**ä**	**j**

Lauter Lesefallen

Es ist gut, wenn das Kind bereits erste schriftsprachliche Muster beherrscht, wenn es häufige (kleine) Wörter auf einen Blick erkennt, manche Wortteile, die immer wiederkehren, nicht mehr erlesen muss.

Bilder haben hier immer noch die wichtige Aufgabe, einen Bedeutungszusammenhang herzustellen.

Das Bild bereitet das Lesen vor.

Dann spielen sie zusammen:
Mikado und Halma,
Mühle und Dame.

Aus: Marliese Arold/Marlies-Scharff-Kniemeyer: Kleine Vampirgeschichten, arsEdition, München

Das Bild steuert die Leseerwartung: »schauen«, »Uhr«, »Schreck«, »spät«. Der Sinn dieser nicht leicht zu erlesenden Wörter erschließt sich beim Lautieren schneller und wird bestätigt. (»Ja, was ich gelesen habe, stimmt, ich sehe es.«)
Auch hier müssen die Kriterien für Erstlesebücher berücksichtigt sein: die große Schrift, die kurze Zeile in Sinnschrittgliederung, der übersichtliche, nicht überladene Aufbau der Seite nach überschaubaren Abschnitten und eine einfache Sprache. Diese Aspekte finden zum Beispiel in diesem Buch für Erstleser Beachtung:

Cordula Tollmien/Stephan Baumann: Kleine Schulgeschichten, arsEdition, München

Immer noch gilt auch in dieser Phase: Vorlesen macht einem Kind vielleicht Appetit auf das Buch, und es möchte die nächste oder die übernächste oder vielleicht die letzte Geschichte selber lesen. Aber bitte nicht als Übung! Wenn einem Kind eine Geschichte so gut gefällt, dass es sie nochmals lesen möchte, umso besser. Blättert man mit einem Kind das Buch nochmals durch, sind die Bilder ein hervorragender Anlass, über das Gelesene zu reden: »Ah, da ist Svenja beinahe zu spät gekommen. Wie gut, dass Daniel ihr sein Fahrrad geliehen hat. Manche Leute leihen nie etwas aus ...«

Kinderbücher:
Zu umfangreicheren Büchern ermuntern

Mit steigender Lesefertigkeit trauen sich Kinder auch umfangreichere Bücher zu – vorausgesetzt, sie sind spannend und/oder lustig und berücksichtigen wichtige Gesichtspunkte für Erstleser.

Warum haben manche Erwachsene und Jugendliche oft Vorbehalte gegen das Lesen in der Schule? Viele antworten: »Weil das Lesen dort keinen Spaß macht!«

Literatur ist wenn das Lesen keinen Spaß macht

Fatale Deutschstunden

Negative Erfahrungen mit dem Lesen im Deutschunterricht

Das hängt oft mit der Auswahl der Lektüre und mit der Methode zusammen. Typisch dafür ist das traditionelle Lesebuch. Dort herrschen die kurzen Texte vor, und diese werden dann nach allen Regeln der Kunst auseinander genommen.
Der Lese- und Literaturunterricht in der Schule hat sicher auch die Aufgabe, das Verstehen von Texten zu fördern. Dazu gehört die genaue Analyse, das Sprechen über den Text.
Wichtiger aber ist das Ziel, die Kinder zum Lesen zu motivieren, ihnen Angebote zu machen, die das Lesen innerhalb und außerhalb der Schule zum regulären Bestandteil unserer Lebenswelt werden lassen.
Neben dem informatorischen Lesen, das teilweise auch gezielt und selektiv sein kann und Zeitungen genauso umfasst wie Sachbücher, Lexika, Verträge usw., sollte das literarische Lesen mit seinen ganz unterschiedlichen Funktionen einen eigenen Platz im Leben eines Menschen haben.
Hier heißt Lesen vor allem: sich die Zeit zu nehmen, sich auf einen umfangreicheren Text einzulassen, aber auch zu erleben, wie nach und nach eine Geschichte entsteht.

Für Erstleser heißt das sicher nicht, gleich ein dickes Buch, einen »Roman« lesen zu müssen. Neben die kurzen Geschichten (zu einem Thema) tritt jetzt die umfangreichere Erzählung, eben das »Epische«, mit einer spannenden Handlung oder mit lustigen Episoden, wie es zum Beispiel die beiden sehr unterschiedlichen Tiergeschichten von Irina Korschunow, Findefuchs, dtv, und Christine Nöstlinger, Hundegeschichten vom Franz, Oetinger Verlag, zeigen:

So sieht die Wirklichkeit aus:

Christine Nöstlinger: Hundegeschichten vom Franz
Abdruck mit freundlicher Genehmigung
Verlag Friedrich Oetinger, Hamburg

Was unterstützt die anhaltende Bereitschaft zum Lesen längerer Texte? Einmal die Steigerung der Lesefähigkeit selbst. Nur wenn Kinder in der Lage sind, höhere und erfolgreichere Strategien des Lesens einzusetzen, Wörter und Wortteile ganzheitlich zu erfassen, Hinweise aus dem Text selbst zu nutzen (grammatische und semantische), wird die Lesehandlung mehr zu Routine.
Aber auch bei solchen umfangreicheren Kinderbüchern sollten lesedidaktische Grundsätze bei der Gestaltung berücksichtigt werden. Noch stellen Illustrationen einen Bedeutungszusammenhang her. Noch sollte die Schrift groß genug sein, sollte der Text nicht im Blocksatz mit Worttrennungen stehen und der Zeilenabstand nicht zu gering sein. Dabei empfiehlt sich eine Gliederung nach Kapiteln. Sie ermöglicht, Haltepunkte anzusteuern (hier kann man auch sein Lesezeichen einlegen), und bietet eine gute Leseorientierung.
Fortgeschrittene Leser werden dann nach und nach auch zu Büchern greifen, in denen diese lesedidaktischen Prinzipien nicht mehr im Vordergrund stehen.

Sachbücher: Die Neugier der Kinder befriedigen

Für manche Kinder spielen Sachbücher und Lexika eine größere Rolle als erzählende Bücher. Zwar gibt es eine riesige Menge Kindersachbücher, doch wenige sind wirklich für Erstleser geeignet.

Kinder sind vor allem eins: neugierig. Sie wollen die Welt erkunden (mit Händen und Füßen) und sie wollen alles über die Welt wissen. Dazu können geeignete Sachbücher und Lexika beitragen.
Auch in diesem Segment gibt es inzwischen ein reiches Angebot – aber kaum für Leseanfänger. Die meisten der einschlägigen Sachbuchreihen richten sich nicht an Erstleser, sondern an geübte Leser. Natürlich kann auch ein Erstleser ein solches Buch anschauen. Jedes Sachbuch enthält in der Regel viele Bilder, die einen Großteil der Information transportieren. Der Text ist aber meist so schwierig, dass er sich nicht einmal zum Vorlesen eignet.
In einem Kindersachbuch »Die Ritterburg« mit dem Vermerk »ab 3 Jahren« findet man die folgende Passage:

> »Sie legten die leichte Turnierrüstung an
> und berannten sich hoch zu Ross.«

Fraglich, ob ein Kind einen solchen Satz wirklich versteht.

Freya Stephan-Kühn/Hauke Kock: Die Ritter.
© by Arena Verlag GmbH, Würzburg 1994

Dasselbe Thema wird in der Reihe »Der Lila-Lese-Stier«-Sachgeschichten für Erstleser lesedidaktisch adäquater aufbereitet: Informationen, Textgestaltung, Layout und Sachwissen sind auf Erstleser bezogen:

Neuere Untersuchungen haben gezeigt, dass sich das Leseinteresse von Jungen stärker am Sachbuch orientiert und dass dieses Interesse weder zu Hause noch in der Schule adäquat berücksichtigt wird.
Nun soll auf keinen Fall das Rollenklischee Junge – Mädchen, das gerade durch die traditionelle Kinderliteratur transportiert wurde, durch die Zuweisung von Geschlecht und Buchtyp zementiert werden. Vielmehr ist anzustreben, allen Kindern Bücher aus den unterschiedlichen Bereichen anzubieten und eben auch das Sachbuch

Mädchen lesen anderes als Jungen.

und das Kinderlexikon als wichtige Form, Leseinteressen zu wecken, gezielt einzusetzen. Zunehmend wird hier die CD-ROM das Buch ergänzen und ersetzen; aber von der Lesetätigkeit her sind die Unterschiede nicht allzu gewichtig.

Mitmachbücher: Lesen mit Handeln verknüpfen

Manchmal wollen Kinder etwas basteln, bauen, kochen, erproben – und sie brauchen Bücher dazu (oder wenigstens Teile daraus), damit sie an ihr Ziel kommen. Auch das ist Lesen.

Zwar ist Lesen keine passive Tätigkeit, aber doch eine stark rezeptive und kognitive. Schon wenn man jemandem beim Lesen zusieht, hat man den Eindruck von etwas Ruhigem, Kontemplativem.

Kinder eignen sich die Welt aber primär handelnd an – der Begriff bildet sich durch das sinnliche Begreifen heraus. Je mehr das Denken und die Sprache mit konkreten Handlungen und mit Anschauungen verbunden sind, desto stärker werden sie verankert. Hier sind einmal alle Bücher von Bedeutung, die man auch dem Sachbuchbereich zuordnen könnte, die aber primär nicht auf Wissen zielen, sondern auf Anleitung. Kinder wollen oft wissen, wie

Lesen beschäftigt (nicht nur) den Kopf.

man etwas kocht, wie man etwas bastelt, wie man Pflanzen zieht, wie man einen Zaubertrick vorführt, wie man...

Damit sie das können, sind sie bereit, etwas zu lesen. Vieles lässt sich dabei durch Bilder erklären, aber nicht alles: dass man zum Brötchenbacken Hefe, Wasser, Salz und Mehl braucht, das kann eindeutig und schnell durch Schrift geklärt werden. Und selbst, dass man den Teig »gehen« lassen muss, ist eher dem Text zu entnehmen als einer Abbildung. Dieses Mitmachbuch zum Thema Pflanzen ist ein besonders gelungenes Beispiel:

In jüngster Zeit wurde dieser Buchtyp erweitert: das Mitmachbuch enthält nicht nur einen Anleitungstext, sondern zugleich einige Materialien, die eigenständiges Handeln, Experimentieren, Vergleichen sofort möglich machen, sodass Lesen und Handeln verknüpft werden können, wie zum Beispiel bei dieser Buch-Aktiv-Box (vgl. S. 72): Das erinnert einerseits an die früher so beliebten Zieh-, Klapp- und Drehbilderbücher, die jetzt wieder verstärkt auf den Markt kommen, und andererseits an die Experimentier- und Baukästen aus der Spielwarenbranche. Auch hier ist allerdings die Zielgruppe eindeutig der fortgeschrittene Leser, es gibt nur wenige Mitmachbücher, die sich für Leseanfänger eignen.

Christina Björk/Lena Anderson: Die schnellste Bohne der Stadt, erschienen im C. Bertelsmann Jugendbuchverlag, München 1980

Buch-Aktiv-Box Pflanzen, arsEdition, München

Alternative Leseangebote

Wenn ein Kind kein Interesse an Büchern hat, findet es manchmal einen ganz anderen Zugang zur Schrift.

Gehören die Begriffe Lesen und Buch zusammen? Keineswegs. Eine solche Festlegung ist bei manchen Kindern wenig sinnvoll, da sie kaum dazu zu bewegen sind, sich mit Büchern zu beschäftigen. Das hängt teilweise mit ihren wenig ermutigenden Versuchen, selbständig zu lesen, zusammen, teilweise mit anderen Zugängen zu Erfahrungen und Wissen, also eher praktisch-erprobenden, audiovisuell oder elektronisch gestützten.

Hier sollte man nicht dogmatisch auf dem Lesen in Büchern bestehen, sondern andere Formen des Lesens anbieten und akzeptieren. Lesen ist hier mehr Mittel zum Zweck. Rätsel, Witze, Quiz-Fragen, Aufkleber zielen auf sehr überschaubare Lesetätigkeiten, verlangen keinen langen Atem.

Gerade Leseanfänger kann man mit selbst gemachten Bilderrätseln stark motivieren. Der Textanteil kann dabei sehr gering sein. Die Ausgangsfrage kann im Sinne der Reihenbildung dieselbe sein.

Was ist das?

- Gras
- Schnittlauch
- eine Bürste

Manche lösen gerne Rätsel.

Das gilt auch für Sammlungen von Quiz-Fragen in verschiedenen Formen: als Spiralblock, als Einzelkarten in Gesellschaftsspielen. Besonders lesemotivierend: eine Familie, eine Schulklasse macht ihr eigenes Quiz. Gelesen wird reihum. Das ist eine überschaubare Leseaufgabe. Und die Aufmerksamkeit richtet sich ganz auf die Antwort, erst auf den mündlichen Beitrag und dann auf die schriftliche Kontrolle auf der Rückseite.

Taschenquiz, Wissen + Spaß, 2. Schuljahr, arsEdition, München

Manche mögen Quiz-Fragen.

Zu solchen motivierenden Leseanlässen gehören für manche Kinder auch Kreuzworträtsel, wie sie oft in Kinderzeitschriften vorkommen. Erst wenn ich die oft schwierige Umschreibung des gesuchten Wortes gelesen habe, kann ich das Rätsel lösen.

Es gibt Kreuzworträtsel-Fans.

Trage die Namen der Tiere in die Kästchen ein. Wenn du die farbigen Felder nacheinander liest, erfährst du das Lösungswort.

Aus: Mach mit, 1988, Abdruck mit freundlicher Genehmigung Velber im OZ Verlag GmbH, Seelze

Wer hat in seiner Kindheit nicht wenigstens einmal Bilder für ein Sammelalbum gesammelt – Fußballstars, Comic-Figuren, Reisebilder, Stickers mit Nummern, Namen, kurzen Titeln, Sprüchen. Selbst wenn am Ende kein vollständiges Album vorhanden ist, eine gewisse Leseerfahrung ist doch auch hier zu beobachten.

Abdruck mit freundlicher Genehmigung der Universum Verlagsanstalt, Wiesbaden

Zeitungen lesen statt Bücher

Viele dieser Leseanlässe finden sich in unterschiedlichen Zusammenstellungen auch in Kinderzeitschriften. In der Regel sind sie für eine ältere Lesergruppe gedacht (vor allem die kostenlos verteilten von Banken oder Apotheken), doch gibt es inzwischen auch Kinderzeitschriften oder Beihefter zu Zeitschriften für Erwachsene, die für Erstleser geeignet sind.
Manche Kinder lassen sich auch durch auffällige äußere Buchformen zum Lesen verlocken. Das beginnt beim Riesenbuch, unter das man sich bequem legen kann, und endet bei Leporellos, die man bequem in die Tasche stecken kann, oder bei Minibüchlein, die man sammeln kann.

Wozu Bücher gut sein können

Erzwingen kann man die Lust aufs Lesen bei keinem Kind. Aber man sollte auch die Hoffnung nicht aufgeben, sondern alle Möglichkeiten nutzen, unterschiedliche Leseangebote zu machen, die sich an den Interessen und Fähigkeiten des Kindes orientieren.
Ein Traum, den jeder hat, dem Bücher am Herzen liegen: Ein Buch, lange Zeit unbeachtet, spricht das Kind an:

Der Wunschtraum

Der Funke springt über, das Kind schlägt das Buch auf und das Abenteuer Lesen beginnt!

Wir bedanken uns bei den Verlagen Arena, Bertelsmann, Dachs, Hammer, Herder, Oetinger, J.F. Schreiber, Thienemanns, Universum und Velber für die erteilten Abdruckgenehmigungen.

Bei Sebastian, Jonathan und Lauren bedanken wir uns für ihre Schreibübungen.

KÄNGURU

So macht Lesenlernen richtig Spaß – mit Büchern, die auf die unterschiedlichen Lernphasen zugeschnitten sind: 4 Lernschritte, 4 Buch-Reihen.

4. Lesestufe ab 8 Jahre

»Leseabenteuer in Farbe

- bekannte AutorInnen / IllustratorInnen
- viele farbige Illustrationen
- große Schrift

3. Lesestufe ab 7 Jahre

»Erste Geschichten zum Selberlese

- mehrere kurze Geschichten zu einem Thema
- klare Textgliederung als Lesehilfe
- große Fibelschrift
- viele farbige Illustrationen

2. Lesestufe ab 6 Jahre

»Bildergeschichten zum Lesenlernen«

- jeweils eine kurze Geschichte für Leseanfänger
- leicht lesbare Fibelschrift
- mit frechen und witzigen Comic-Elementen

1. Lesestufe ab 5 Jahre

»Mit Bildern lesen lernen«

- kurze lustige Geschichten mit einfachem Text
- Bilder ersetzen Namenwörter
- sehr große Fibelschrift
- fünf doppelseitige Suchbilder

»Kinder werden dann zu begeisterten Lesern, wenn Buch und Leseentwicklung zusammenpassen.«

Prof. Dr. Manfred Wespel, lesedidaktischer Berater des KÄNGURU-Programms

Kontakt- und Informationsadressen zur Leseförderung

Arbeitsgemeinschaft von Jugendbuchverlagen e.V.
Sirnauer Str. 50
73779 Deizisau
Tel.: 0 71 53/82 62 92
Fax: 0 71 53/82 62 93
e-mail: avj.zimer@t-online.de
http://www.avj-online.de
»Kinder- und Jugendbuchverlage von A bis Z«, Empfehlungen und Anschriften

Arbeitskreis für Jugendliteratur e.V.
Metzstr. 14 c
81667 München
Tel.: 0 89/4 58 08 06
Fax: 0 89/45 80 80 88
e-mail: a.k.j@t-online.de
http://www.bkj.de/www.akj.de
Buchempfehlungslisten, Fortbildungsseminare, Referenten

Börsenverein des Deutschen Buchhandels e.V.
Großer Hirschgraben 17-21
60311 Frankfurt
Tel.: 0 69/13 06-356/-331
e-mail: lesefoerderung@boev.de
http://www.boersenverein.de
Wanderausstellungen, Aktion »Das lesende Klassenzimmer«

Deutsche Akademie für Kinder- und Jugendliteratur e.V.
Hauptstr. 42
97332 Volkach
Tel.: 0 93 81/43 55
Fax: 0 93 81/43 55
Buchempfehlungslisten

Deutsches Jugendmedienwerk e.V.
Fischtorplatz 23
55116 Mainz
Tel.: 0 61 31/2 88 90-18
Fax: 0 61 31/23 03 33
e-mail: christine.fink@stiftunglesen.de
http://www.stiftunglesen.de
Buchempfehlungslisten, Verzeichnis der Kinder- und Jugendzeitschriften

Stiftung Lesen
Fischtorplatz 23
55116 Mainz
Tel.: 0 61 31/2 88 90-18
Fax: 0 61 31/23 03 33
e-mail: christine.fink@stiftunglesen.de
http://www.stiftunglesen.de
Buchempfehlungslisten, Beratung, Broschüren zur Leseförderung, Dokumentationsstelle für Leseförderungsmaßnahmen, Seminare, Tagungen, Veranstaltungen

Friedrich-Bödecker-Kreis e.V.
Fischtorplatz 23
55116 Mainz
Tel.: 0 61 31/2 88 90-23
Fax: 0 61 31/23 03 33
e-mail: guenther.bergmann@stiftunglesen.de
http://www.stiftunglesen.de
Vermittlung von Autoren/-innen für Schullesungen

Internationale Jugendbibliothek
Schloß Blutenburg
81247 München
Tel.: 0 89/89 12 11-0
Fax: 0 89/8 11 75 53
e-mail: bib@ijb.de
http://www.ijb.de
Referentenverzeichnis, Buchempfehlungslisten

Internationales Institut für Jugendliteratur und Leseforschung
Mayerhofgasse 6
A-1040 Wien
Tel.: 00 43/1/5 05 03 59-0
Fax: 00 43/1/5 05 03 59-7
e-mail: kidlit@netway.at
http://www.kidlit.nwy.at
Empfehlungslisten

Schweizerischer Bund für Jugendliteratur
Gewerbestr. 8
CH-6330 Cham
Tel.: 00 41/41/7 41 31 40
Tax: 00 41/41/7 40 01 59
e-mail: sbj@tiscalinet.ch
Empfehlungslisten

ISBN 3-7607-**3823-0**

Die Leseinsel

Sammelband mit 14 starken Freundschaftsgeschichten

Erscheinungstermin: Juni

128 S. / 17,4 x 24,5 cm
laminierter Pappband
DM 19,90 / öS 145,00 / chF 19,90

Ingrid Uebe · Doris Rübel
Kleine Freundschaftsgeschichten

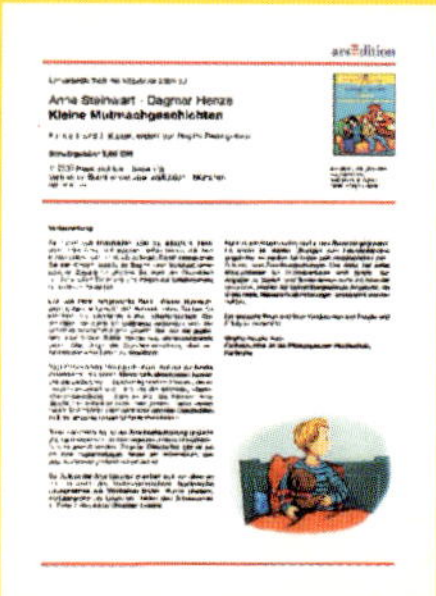
Anne Steinwart · Dagmar Henze
Kleine Mutmachgeschichten

Werner Färber · Detlef Kersten
Kleine Schulweggeschichten

Unsere ersten Lehrerbegleithefte zu drei Känguru-Titeln sind erschienen. Die Hefte sind als Arbeitserleichterung gedacht und können ergänzend zur eigenen Unterrichtsvorbereitung eingesetzt werden. Zu jeder Geschichte gibt es ein bis zwei Kopiervorlagen sowie ein Arbeitsblatt, das geschichtenübergreifend aufgebaut ist.

Der Aufbau der Arbeitsblätter orientiert sich sich vor allem an den Lernzielen des Erstleseunterrichts. Spielerische Übungen zu Wort-, Text-, Bildzuordnung, sowie: Wortreihen bilden, Wörter gliedern, wortübergreifendes Lesen etc. bilden den Schwerpunkt im Bereich des weiterführenden Lesens. Weitere Informationen erhalten Sie über ihre Buchhandlung.

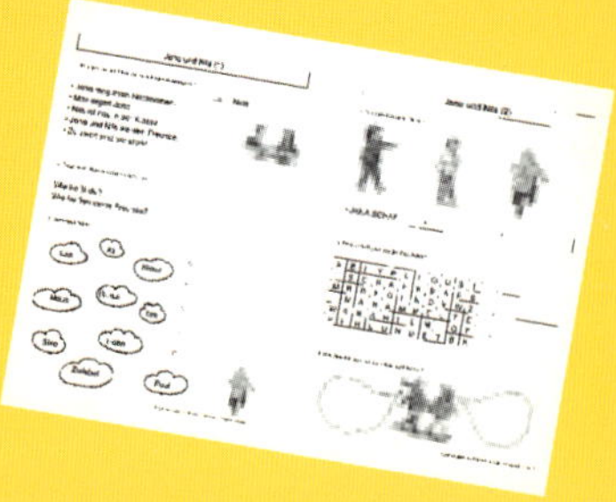